इन दो अलग-अलग कालखण्डों की डायरी से गुज़रने पर ऐसा लगता है कि यह विद्यार्थी नामवर सिंह से शोधार्थी नामवर सिंह की यात्रा का एक संक्षिप्त साहित्यिक वृत्तान्त है। उनके एकान्त के क्षणों का चिन्तन, अपने मित्रों, गुरुओं तथा उस समय के उभरते हुए साहित्यकारों के साथ बौद्धिक-विमर्श—सब कुछ इन दोनों डायरियों में दर्ज है। इन डायरियों को उस समय के साहित्यिक वातावरण का दर्पण भी कहा जा सकता है। बनारस और इलाहाबाद उस समय साहित्य, संगीत और कला की उर्वर भूमि थे। साहित्य की बहुत-सी प्रसिद्ध हस्तियाँ इन शहरों की देन थीं, जिनका इन शहरों से लगाव भी बराबर बना रहा। इन शहरों के उस कालखण्ड पर नज़र डालें, तो मशहूर ग्रीक कवि कवाफ़ी का यह वाक्य याद आता है—"हम किसी शहर में नहीं, समय विशेष में रहते हैं और समय?" ये शहर तो आज भी हैं, लेकिन वह समय, वे लोग, वह वातावरण अब पहले की तरह नहीं हैं।

नामवर सिंह को बेहतर जानने और समझने की जिज्ञासा रखने वालों के लिए *पन्नों पर कुछ दिन* पुस्तक महत्त्वपूर्ण दस्तावेज़ हो सकती है।

पन्नों पर कुछ दिन

नामवर सिंह

सम्पादक
विजय प्रकाश सिंह

वाणी प्रकाशन

वाणी प्रकाशन

4695, 21-ए, दरियागंज, नयी दिल्ली 110 002

फ़ोन : +91 11 23273167 फ़ैक्स : +91 11 23275710

शाखाएँ

अशोक राजपथ, पटना 800 004, बिहार

कॉफ़ी हाउस कैम्पस, महात्मा गांधी मार्ग, इलाहाबाद 211 001, उत्तर प्रदेश

महात्मा गांधी अन्तरराष्ट्रीय हिन्दी विश्वविद्यालय, वर्धा 442 001, महाराष्ट्र

सुल्तानिया रोड, मोतिया पार्क, भोपाल 462 001, मध्य प्रदेश

www.vaniprakashan.com
marketing@vaniprakashan.in
sales@vaniprakashan.in

Pannon Par Kuchh Din
by Namwar Singh
Edited by Vijay Prakash Singh

ISBN : 978-93-90678-41-9
Diary

पेपरबैक प्रथम संस्करण 2021

मूल्य : ₹ 299

आर. टेक ऑफ़सेट प्रिंटर्स, दिल्ली-110032 में मुद्रित

वाणी प्रकाशन का लोगो मक़बूल फ़िदा हुसेन की कूची से

डायरी को पढ़ते हुए

पिताजी पर केन्द्रित पुस्तक 'आलोचना के रचना पुरुष' में मैंने 1951-52 की उनकी डायरी के कुछ अंश पढ़े थे, जिसके बाद पूरी डायरी पढ़ने की बड़ी इच्छा थी। पिताजी से इस डायरी के बारे में मैंने कई बार पूछा भी था, लेकिन वे बार-बार बात को टाल जाते थे। एक बार उन्होंने बताया कि भारत यायावर ('आलोचना के रचना पुरुष' के सम्पादक) के हठ करने पर उन्होंने कुछ अंश उन्हें प्रकाशित करने के लिए दे दिये थे। यह बात उनकी डायरी के साथ प्रकाशित उनके हस्तलिखित वक्तव्य में भी है। ऐसा लगता है कि यह डायरी बाद में उनकी पुस्तकों के ढेर में कहीं गुम हो गयी थी। सन् 2017 में कुछ पुस्तकों की तलाश करते समय यह डायरी मुझे अकस्मात मिली। मैंने भावुकतापूर्वक पिताजी को यह डायरी उनके कमरे में सुरक्षित रखने के लिए दे दी। डायरी उन्हें देकर मैं निश्चिन्त हो गया कि भविष्य में जब भी इसे प्रकाशित करवाना होगा, यह मुझे आसानी से मिल जायेगी। इच्छित डायरी मिल जाने पर मुझे एक बार 'लॉ ऑफ़ अट्रैक्शन' यानी 'आप जैसा चाहेंगे वैसा पायेंगे' के सिद्धान्त पर विश्वास हो आया। पर बाद में यह डायरी फिर कहीं गुम हो गयी। सम्भवतः उसे कोई ले गया था, लेकिन ले जाने वाले का या डायरी का कुछ पता नहीं चल पा रहा था। पिताजी के जाने के बाद एक दिन मैंने उनके पुराने शिष्य शैलेश कुमार से पिताजी की डायरी प्रकाशित करवाने की बात कही तो उन्होंने उस डायरी की फ़ोटोकॉपी उपलब्ध कराने की बात कही। इस डायरी को खोजने के दौरान मुझे 1945-46 की एक और डायरी काफ़ी जर्जर अवस्था में मिली। डायरी के पहले पृष्ठ पर अंग्रेज़ी में Namwar Singh XII Art लिखा हुआ था।

75 और 70 साल की उम्र वाली इन गुमनाम डायरियों के मिल जाने पर मुझे इमाम बख़्श नासिख़ का एक शे'र याद आ रहा है–

ऐसा कोई गुमनाम ज़माने में न होगा
गुम हो वो नगीं जिसपे खुदे नाम हमारा।

75 साल की हो चुकी डायरी पिताजी ने तब लिखनी शुरू की थी जब वे 17-18 साल के थे। यह एक स्कूल के विद्यार्थी नामवर सिंह की डायरी है। इसमें युवा और नवोदित कवि नामवर सिंह के डेढ़ साल की जीवन-गाथा उस कालखण्ड की है, जब 1941 में वे अपने पैतृक निवास जीयनपुर को छोड़कर बनारस में चार साल हेवेट क्षत्रिय स्कूल में पढ़ चुके थे। बाद में इस स्कूल का नाम उदय प्रताप कॉलेज रख दिया गया था। इस डायरी को शुरू करते हुए पहले दिन ही पिताजी ने इसे लिखने का उद्देश्य भी लिख दिया है–"डायरी लिखने का कोई ख़ास उद्देश्य नहीं–केवल कुछ स्मरणीय बातों का उल्लेख एवं जीवन के पूर्वापर का सिंहावलोकन। इससे कहानी और लेख के कितने प्लॉट और विषय जो एक बार मस्तिष्क में आकर लौट जाते हैं, याद की बाँहों में बाँधे जा सकते हैं। इसलिए मेरी डायरी इन बातों का निदर्शन कर सकेगी–

(क) मैंने क्या पढ़ा?
(ख) मैंने क्या देखा?
(ग) मैंने क्या अनुभव किया?
(घ) कुल मैंने क्या किया?

यह आवश्यक नहीं कि नित्य डायरी लिखूँ।"

26 अप्रैल 1945 को भविष्य में होने वाले अपने गुरु पण्डित हज़ारी प्रसाद द्विवेदी को पहली बार उन्होंने स्टेशन पर देखा था। पहली बार में ही उनमें शिशु जैसी सरलता को उन्होंने महसूस किया था। उस समय यह क्या पता था कि एक दिन विद्यार्थी नामवर सिंह को हिन्दी का प्रखर आलोचक बनाने में इस महान गुरु का अमूल्य योगदान होगा और वे अपने उसी गुरु पर एक कालजयी रचना 'दूसरी परम्परा की खोज' लिखकर ख़ुद को और अपने गुरु दोनों को साहित्य में अमर कर जायेंगे। द्विवेदी जी अक्सर बेधड़क कहा करते थे कि "मेरी सबसे अच्छी कृति नामवर है।"

15 मई 1945 को एक कवि-सम्मेलन में हरिवंश राय बच्चन और अन्य कवियों को पच्चीस रुपये और ख़ुद को दस रुपये का पारिश्रमिक दिये जाने पर उन्हें बड़ी कोफ़्त हुई थी। 25 जुलाई 1945 को अपनी कक्षा में हिन्दी में प्रथम न आने का भी उन्हें बहुत मलाल था। लेकिन बाद में हिन्दी साहित्य के अध्ययन में समर्पण भाव के कारण काशी हिन्दू विश्वविद्यालय में उन्हें एम.ए. में प्रथम श्रेणी और प्रथम स्थान दोनों प्राप्त हुआ। साथ ही उन्होंने सबसे अधिक अंक पाने का रिकॉर्ड भी बनाया जो अब तक बरकरार है। समय के सदुपयोग और अध्ययन के प्रति लगाव को उनकी डायरी में 19 अगस्त 1945 को लिखे इस वाक्य में बेहतर देखा जा सकता है—"हाँ, हमें अध्ययन को सबसे पहले महत्त्व देना है और बहुत लिखना भी तो है। उम्र तो जैसे कर्पूर-सी उड़ रही है। 19 का होने जा रहा हूँ पर रह गया बुद्धू।" 19 सितम्बर 1945 को उन्होंने मार्क्स का संस्मरण पढ़ा था। उसी समय वे मार्क्स से इतने प्रभावित हुए थे कि आजीवन उनकी पहचान एक मार्क्सवादी आलोचक के रूप में बनी रही। जब तक वे बनारस में रहे, उनके कमरे में हमेशा मार्क्स की तस्वीर देखी जा सकती थी। 13 अक्टूबर 1946 को गजानन माधव मुक्तिबोध की 'बबूल' शीर्षक कविता उन्हें नवीन प्रतीकों के कारण अच्छी लगी थी। इसके 25 साल बाद उन्होंने 'कविता के नये प्रतिमान' में मुक्तिबोध को एक नयी रोशनी में स्थापित किया।

1945-46 की डायरी में पिताजी के पैतृक गाँव जीयनपुर के पास हेतमपुर के रहने वाले स्वतन्त्रता सेनानी स्वर्गीय कामता प्रसाद विद्यार्थी का ज़िक्र कई बार आया है, जो उनके पथ-प्रदर्शक और प्रेरणास्रोत थे। उन्होंने उनके पिताजी के घनिष्ठ मित्र होने के नाते बनारस में पढ़ने और उच्च शिक्षा ग्रहण करने में उनकी बहुत मदद की थी। डायरी में त्रिलोचन शास्त्री और शम्भूनाथ सिंह का भी कई बार ज़िक्र आया है, जिनके साथ पिताजी ने काफ़ी वक़्त गुज़ारा है। वे लोग उनके साहित्य के प्रति लगाव और बौद्धिक विकास में खाद-पानी का काम करते रहे। डायरी का अन्त स्वामी विवेकानन्द के इस प्रेरणादायक कथन से है—"जीवन निज स्वरूप को प्रकाशित करने की चेष्टा करता है और कई शक्तियाँ उसे दबाने की चेष्टा करती हैं, इन्हीं प्रतिद्वन्द्वी शक्ति-समूहों को परास्त कर निज शक्ति प्रकाश की अविरल चेष्टा का नाम जीवन है।"

दूसरी डायरी में 7 अगस्त 1951 (नागपंचमी) से लेकर 16 अप्रैल 1953 तक का कालखण्ड दर्ज है। इस डायरी में शोधार्थी नामवर सिंह के शुरुआती दिनों में मित्रों, साहित्यकारों और गुरुओं के साथ हुई कुछ अविस्मरणीय बातों, मुलाक़ातों और बौद्धिक-विमर्शों का उल्लेख है। यहाँ पिताजी के पण्डित हज़ारी प्रसाद द्विवेदी का शोध-छात्र बनने के प्रसंग में एक घटना को मैं सुधी पाठकों के साथ साझा करना चाहूँगा, जिसका ज़िक्र इस डायरी में नहीं है। यह क़िस्सा कुछ इस तरह है कि जब पिताजी एम.ए. में प्रथम श्रेणी और प्रथम स्थान प्राप्त करने के बाद द्विवेदी जी के पास अपने शोधकार्य के सम्बन्ध में बात करने गये थे तो उसी समय द्विवेदी जी के पास गोरखपुर से गोरखधाम के महन्त का एक पत्र पिताजी को महाराणा प्रताप महाविद्यालय में विभागाध्यक्ष के पद पर नियुक्त करने के लिए भी आया था। महन्त जी महाराणा प्रताप कॉलेज के पहले संस्थापक तथा सर्वेसर्वा थे। द्विवेदी जी ने पिताजी को यह पद स्वीकार कर लेने की सलाह इस तर्क के साथ दी कि काशी हिन्दू विश्वविद्यालय में यह पद (रीडर का) तुम्हें सम्भवतः दस वर्ष बाद मिल पायेगा। लेकिन पिताजी ने इस पद को यह कहते हुए अस्वीकार कर दिया कि—"पण्डित जी, मैं राजपूतों के घर में पैदा हुआ, राजपूतों के स्कूल में पढ़ा और पढ़ाने भी राजपूतों के कॉलेज में चला जाऊँगा तो मुझमें मनुष्य का तत्त्व ख़त्म हो जायेगा। मैं आपके साथ शोधकार्य करके कुछ पढ़ना, जानना और मनुष्य बनना चाहता हूँ।" यह बात सुनकर द्विवेदी जी ठठा कर हँस पड़े थे। इसके बाद पिताजी द्विवेदी जी के साथ शोध में जुट गये। वे उनके प्रिय शिष्य थे, इसीलिए अन्य शोधार्थी कभी-कभी ईर्ष्यावश कहा करते थे कि गुरुदेव ने अपनी ज्ञान की गठरी नामवर जी को ही दी है।

1951-52 की डायरी में भी हर तारीख़ पर कुछ नये विचारों और बातों का अन्दाज़े-बयाँ बहुत दिलचस्प है। 23 फ़रवरी 1952 को रायकृष्ण दास जी की कार में उनके साथ द्विवेदी जी और अज्ञेय जी के बीच हुआ अविरामान्त पद्धति तथा हिन्दी में अंग्रेज़ी की स्वरपात योजना को लेकर एक रोचक विमर्श दर्ज है। 4 अप्रैल 1952 को उस समय के दिग्गज भाषाविद् डॉ. सुनीति कुमार चटर्जी से अपनी एम.ए. की थीसिस 'हिन्दी के विकास में अपभ्रंश का योग' देकर मिलना, सुनीति बाबू का उनकी

बातचीत से प्रभावित होना और पुस्तक का अंग्रेज़ी में अनुवाद करने की सलाह देना—ऐसी कई रोचक और पठनीय बातें इस डायरी में शामिल हैं। 2 अगस्त 1952 को द्विवेदी जी के साथ शाम को घूमते हुए अपनी आर्थिक स्थिति के बारे में जो व्यक्तिगत बातें हुईं, वे गुरु-शिष्य के घनिष्ठ सम्बन्धों को दर्शाती हैं।

इन दो अलग-अलग कालखण्डों की डायरी से गुज़रने पर ऐसा लगता है कि यह विद्यार्थी नामवर सिंह से शोधार्थी नामवर सिंह की यात्रा का एक संक्षिप्त साहित्यिक वृत्तान्त है। उनके एकान्त के क्षणों का चिन्तन, अपने मित्रों, गुरुओं तथा उस समय के उभरते हुए साहित्यकारों के साथ बौद्धिक-विमर्श—सब कुछ इन दोनों डायरियों में दर्ज है। इन डायरियों को उस समय के साहित्यिक वातावरण का दर्पण भी कहा जा सकता है। बनारस और इलाहाबाद उस समय साहित्य, संगीत और कला की उर्वर भूमि थे। साहित्य की बहुत-सी प्रसिद्ध हस्तियाँ इन शहरों की देन थीं, जिनका इन शहरों से लगाव भी बराबर बना रहा। इन शहरों के उस कालखण्ड पर नज़र डालें, तो मशहूर ग्रीक कवि कवाफ़ी का यह वाक्य याद आता है—"हम किसी शहर में नहीं, समय विशेष में रहते हैं और समय?" ये शहर तो आज भी हैं, लेकिन वह समय, वे लोग, वह वातावरण अब पहले की तरह नहीं हैं।

नामवर सिंह को बेहतर जानने और समझने की जिज्ञासा रखने वालों के लिए ये दोनों डायरियाँ महत्त्वपूर्ण दस्तावेज़ हो सकती हैं। दिल्ली में स्थायी रूप से रहने के बाद पिताजी हर साल के आरम्भ में एक नयी डायरी बनाते थे। उसमें केवल प्रतिदिन के कार्यक्रमों, सभाओं, व्याख्यानों आदि का विवरण ही रहता था। इन दोनों डायरियों के बारे में मिर्ज़ा ग़ालिब का एक शे'र मौजूँ लगता है—

सब कहाँ, कुछ लालः-ओ-गुल में नुमायाँ हो गयीं,
ख़ाक में क्या सूरतें होंगी जो पिन्हाँ हो गयीं।

मैं वाणी प्रकाशन के श्री अरुण माहेश्वरी जी का बहुत आभारी हूँ, जिनके अथक प्रयास से ये डायरियाँ पुस्तक रूप में उपलब्ध हो रही हैं। 1951-52 की डायरी उपलब्ध करवाने के लिए श्री शैलेश कुमार का भी

आभार व्यक्त करता हूँ। समय-समय पर सहयोग और सलाह के लिए निर्मला सिंह, रचना सिंह और सुबोध कुमार का भी बहुत आभारी हूँ। अन्त में, शब्दों, विचारों और विमर्शों से भरी यह डायरी सुधी पाठकों के सामने है। उम्मीद है यह दस्तावेज़ नामवर सिंह को बेहतर जानने-समझने में मददगार साबित होगा।

–विजय प्रकाश सिंह

खण्ड : एक

1945-46 की डायरी

8 अप्रैल, 1945

प्रत्यूष में उठा। सभी क्रियाओं से मुक्त होकर नया काम यह किया कि अड़ार पर दूध पीने गया। डायरी लिखने का कोई ख़ास उद्देश्य नहीं केवल कुछ स्मरणीय बातों का उल्लेख एवं जीवन के पूर्वापर का सिंहावलोकन। इससे कहानी और लेख के कितने प्लॉट और विषय जो एक बार मस्तिष्क में आकर लौट जाते हैं, याद की बाँहों में बाँधे जा सकते हैं।

इसीलिए मेरी डायरी केवल इन बातों का ही निदर्शन कर सकेगी—

(क) मैंने क्या पढ़ा?

(ख) मैंने क्या देखा?

(ग) मैंने क्या अनुभव किया?

(घ) कुल मैंने क्या किया?

यह आवश्यक नहीं कि नित्य डायरी लिखूँ। नित्य का कार्यक्रम इस प्रकार होगा—

1. प्रातः से दोपहर तक कुछ-कुछ बीच में आराम करके पढ़ना—बँगला, हिन्दी, अंग्रेज़ी।
2. 2 बजे से शाम 5 बजे तक पढ़ना-लिखना।
3. कुछ लोगों से मिलना, शाम को 8 बजे तक टहलना।
4. प्रातः या शाम व्यायाम।

लेख और कहानी के विषय—

1. सिनेमा का पहला अनुभव
2. ट्रेन के पण्डित जी। (8 कितने बजे हैं?)
3. पागल कतवारू।
4. मिल का एक मज़दूर अपने बच्चे को मार डालता है क्योंकि महीने

के अन्त में जब वह तनख़्वाह लेकर आता है तो वह बच्चा काग़ज़ के नोट को भूल से दीपक पर रख देता है।—कानपुर।

5. 'रवीन्द्र' का इम्तहान से जी चुराने के लिए बीमार बनने का बहाना।
6. लकड़ि या बाबा।
7. त्रिलोचन—की कहानी।

13 अप्रैल, 1945

याद आया। आज डायरी लिखने का सोचा। हृदय भावुकता के आवेश में उमड़ उठा किन्तु विवेक की शिलाएँ जो हैं पाषाण की कठोरता जैसी। साथियों के पत्रों की बाट जोह रहा हूँ और इधर सूखे-सूखे रेगिस्तानी दिन तथा काली-काली पहाड़-सी रातें बीत रही हैं, हाँ सोने का प्रभात भी उसकी घाटियों में मिल जाता है। दिन में इधर पढ़ते-पढ़ते सो जाता हूँ—यह बुरा है। पर करूँ क्या, पता नहीं। क्यों ऐसा लगता है जैसे हृदय का सारा रस सूख सा रहा है। मित्रों के पत्र ही उसे हरा कर सकेंगे। इधर मेरा संयम ख़ूब चल रहा है। प्रातः स्नानादि के बाद दूध। दिन में दो बार भोजन। शाम को थोड़ी-सी कसरत जो अन्धकार के परदे में होती है। पढ़ भी लेता ही हूँ। इधर संकठा वग़ैरह नहीं आते हैं—एक सूखी शान्ति है। बँगला पढ़ रहा हूँ। अभ्यास से तबीयत प्रसन्न है। प्रेमचन्द के उपन्यासों को पढ़ने का जी कर रहा है। कुछ लेख पैसे के लिए लिखना चाहता हूँ। जीवन को क्रियाशील बनाने की इच्छा है।

15 अप्रैल, 1945

इधर कई दिनों से बायीं आँख फड़क रही है हिन्दू अन्धविश्वास जैसे कह रहा है कोई अशुभ होता, किन्तु मैं तो बुद्धि से नहीं मानता इसे। ख़ैर; जो हो। आज प्रातः अप्रत्याशित हरिमोहन का पत्र मिला। दिल को एक सूखा ढाढस हुआ। देवी को छह पेज का एक पत्र लिखा। जी हल्का हुआ। इधर लिखना तो दूर पढ़ना भी नहीं हुआ। शरतचन्द्र की 'देहाती समाज' नामक उपन्यास की पुस्तक मिली। पढ़ डाला। सचमुच मास्टर हैंड है लिखता ख़ूब है। इस पुस्तक ने जादू का असर किया। मुझे तो शरत प्रेमचन्द से महान लगता है।

अन्धकार की रेखाएँ पुस्तक के अक्षरों के साथ मिलकर जब तक एक नहीं हो गयीं तब तक उस पुस्तक को पढ़ता गया। मुझे उस पुस्तक में अपने गाँव के जीवन का प्रतिबिम्ब मिला। कुछ लिखने, कुछ करने की प्रेरणा मिली। रमेश में मुझे अपने व्यक्तित्व की झलक मिली। शरत को खोज कर पढूँगा। अख़बार की ओर रुचि बढ़ी है। मिल भी जाता है। अब दिल जम रहा है पर बर्फ़ नहीं हो रहा है।

18 अप्रैल, 1945

इधर तीन दिनों में कुछ पहले की अपेक्षा नयी घटनाएँ तो आयीं ही–16 को कमालपुर गया। स्कूल पर मास्टरों का ठण्डा-सा व्यवहार देखकर दिल जमा नहीं। मेरे वार्तालाप के बीच उपाध्याय जी ने कानों के दोष से एक गलती–शिकार को शिकायत सुनकर निकाली। स्वयं वे झेंपे भी। नथुनी से मिला। सत्कार में लड़का भला है–यों कुछ झेंपू है। इधर अख़बार कायदे से मिलते हैं उनमें दिलचस्पी लेता हूँ। बहुत इच्छा रहते हुए भी मैं कुछ लिख नहीं पा रहा हूँ। सारी भावनाएँ, सारा विवेक सुप्त-सा लगता है। जयचन्द भाई से दो दिन मिलने गया। आदमी ख़ूब हैं। उनसे मुझे व्यावहारिकता नाम की वस्तु मिलती है तलछट के रूप में। आजकल परीक्षा के विषय के ही सपने देखता हूँ। परिणाम सोचकर दिल थाम लेता हूँ। Result में कोई उत्सुकता नहीं है। आज प्रातः राम अवतार मिले। शम्भूनाथ जी द्वारा भेजी पुस्तकें मिलीं। प्रसाद परिषद् में बुलाया है उन्होंने। तबीयत जाने को नहीं बढ़ती। संकठा भी मिला। लड़का अध्यवसायी है। बातें जमकर कीं दोपहर तक। उषा देवी भी बंगालियों जैसी लिखती हैं–बंगाली हैं न। 'नीम चमेली' ख़ासी अच्छी है।

26 अप्रैल, 1945

अब हो गये पूरे 5 दिन जब घर आ रहा हूँ। 21 को बनारस गया। प्रसाद परिषद् में प्रवेश किया। उस दिन कोई विशेष बात नहीं हुई बिना इसके कि महेन्द्र के कबीरचौरा वाले घर गया। सवेरे पुनः प्रसाद परिषद् की गोष्ठी में गया, कविता सुनायी। सभी लोगों ने 'वाह-वाह' का पुल बाँध दिया–रायकृष्णदास, विश्वनाथ जी और सम्पूर्णानन्द जी सभी लोग

...कविता माँगने लगे, छापने के लिए। मेरे जीवन की यह नूतनतम घटना है। अमृत मोहन लाल, बलदेव मिश्र को कविताएँ दीं। चल दिया फिर इलाहाबाद। स्टेशन पर निकट से पं. हज़ारी प्रसाद द्विवेदी को देखा तथा उस महान आत्मा की शिशु-सी सरलता देखी। इलाहाबाद में त्रिवेणी नौका से मिला तथा यूनिवर्सिटी देखी। शाम को 'परख' फ़िल्म देखी। रुपये आवश्यकता से अधिक ख़र्च हो गये पर महताब के सौन्दर्य एवं एक्टिंग ने मोह लिया। 'क्षेम' से घुल-मिल गया। प्रयाग की बेहूदगी ने आँखें खोल दीं। 24 को प्रयाग छोड़ते समय महेन्द्र के साथ रामकुमार वर्मा का क्लास 'अटैंड' किया। ख़ूब पढ़ाते हैं। काशी आने पर को-ऑपरेटिव में भोजन करके रघुवीर के यहाँ गया। शहर से सभी कुछ ख़रीद कर रात भर रघुवीर के यहाँ सोया। सवेरे मार्कण्डेय सिंह के यहाँ भोजन करके परिषद् से प्रकाशन में अपनी कविता के विषय में अप्रत्याशित उत्तर पाया। आलसवश 'अपर इंडिया' छोड़ दिया। संयोगवश हरिमोहन आ गया। भेंट हुई। स्टेशन पर शाम को रामलोचन मिले, ट्रेन से मुगलसराय आकर एक अनुभव प्राप्त किया।

29 अप्रैल, 1945

तबीयत ठीक है। मन प्रसन्न है। Tagore की wreck समाप्त किया दो दिनों के बाद आज दोपहर को। पढ़ते-पढ़ते रो दिया। अंग्रेज़ी के उपन्यास खोजकर पढ़ूँगा, लिखने का काम बन्द है। जितेन्द्र से मिलने का विचार है।

अन्धे टीमल और कमालपुर की कपड़े की लुटाई तथा एक आदमी को कफ़न का न मिलना आधुनिक वस्त्र समस्या की कहानी के लिए प्लॉट है। 'सोऊँगा एक बात पूछकर' कहानी पूरी करने का विचार है। कविता का मूड खो सा-गया है।

1 मई, 1945

श्यामनारायण की बुलाहट पर हेतमपुर गया। सारा दिन हँसती बेकारी में कट गया। एक अनुभव अध्यापक जीवन के विषय में मिला। 'झूमक लाल', नाम से एक कहानी हास्य रस की लिखूँगा जो प्राइमरी स्कूल के मास्टर की रूपरेखा रख सकेगी सामने।

शाम को संकठा सिंह (अ) से मिला। मिलकर प्राणों में वसन्त जागा। अनुराग की लहरों में रूप छवि की किरणें मुस्करा उठीं। बातें ख़ूब कीं। अंग्रेज़ी पढ़ने-बोलने की प्रेरणा मिली। 3 को कादिराबाद जाने का विचार है। 'शेखर' शुरू किया है।

3 मई, 1945

आज का दिन असफलताओं, निराशाओं का था जिनमें सफलताओं, आशाओं के अंकुर मिले।

कादिराबाद तीन-तीन काम से गया—एक भी तो पूरा होता—हाँ आशाएँ पूरी होने की मिलीं। राधे को पत्र लिखा छोड़वा दूँगा।

रामधनी दादा से कल रात को संलाप हुआ। पंडा सिंह, शान्ति और सुरेश तथा टामी और गौरी सिंह की रोचक कहानियाँ मिलीं।

आज कुछ पढ़ाई नहीं हो सकी। संकठा की बाट जोह रहा हूँ।

9 मई, 1945

शिवमोहन का पत्र 4 को मिला। ख़ूब लिखा था। उत्तर क्या दूँ उसका!

'शेखर एक जीवनी' पढ़ डाला। अज्ञेय ने शेखर को अपने से अलग करने का प्रयत्न किया लेकिन नहीं कर सका। हाँ भला उपन्यास है। दूसरा भाग पढ़ने की इच्छा है। इधर अंग्रेज़ी, बँगला का स्थान संस्कृत ने ले लिया।

संकठा कल चले गये। शाम को हृदय में कविता की गूँज समाई थी। कल 'प्रकाश-छाया' नाम की कहानी लिखी। आज शायद गौना के लिए शाम को प्रस्थान करना पड़े।

10 मई, 1945

कल अँधेरा होते-होते घर आ गया। मौत के मुँह को फाड़कर निकल आया। गौने का तीव्र अनुभव, रास्ते के भंयकर कष्ट तथा चक्कर, आदि सभी बातें केवल शिवमोहन को देखकर शान्त हो गयीं या घर के दर्शन कर।

शिव मोहन शायद कल जाये। मुझसे भी काशी चलने को कह रहा है। तबीयत साथ नहीं देती पर कैसे न जाऊँ। इसका साथ अच्छा रहा।

15 मई, 1945

आज घर पर हूँ। 11 को शिवमोहन के साथ काशी गया, शम्भूनाथ जी संयोग से मिल गये। ख़ूब मौज रही। 12 को हरिमोहन के घर महेन्द्र के साथ हम लोग गये। शाम को 'संयोग' फ़िल्म देखने गया। हँसते-हँसते लोट-पोट हो गये हम लोग। महेन्द्र की छत पर रात कटी। सवेरे बेधड़क के घर होते हुए कॉलेज में लौटे। उसी दिन शिवनारायण जी की बुलाहट पर मिर्ज़ापुर कवि-सम्मेलन में गये। वहाँ रात में विजय के उपलक्ष्य में मनायी जाने वाली आतिशबाज़ी देखी। कवि-सम्मेलन में गया। पहले मेरा ही नाम था। जम नहीं पाया। बच्चन ख़ूब जमे। शम्भूनाथ जी महेन्द्र के सामने उखड़ गये। 14 को सवेरे विन्ध्याचल शिवमोहन के साथ मैं, शम्भूनाथ जी गये। वहाँ देवी के दर्शन भीड़ के बीच करते हुए पहाड़ पर अष्टभुजी को देखा। फिर पहाड़ के सँकरे रास्ते से सीताकुण्ड होते हुए गेरुआ तालाब गये, तब कहीं लौटे। शिवनारायण के यहाँ भोजन करके सोये और 10 रुपये मात्र लेकर एक तिक्त हिचकी के साथ लाल जी सिंह के यहाँ सम्मान-सत्कार के बीच जा पधारे। शाम को मिर्ज़ापुर 8 बजे वाली ट्रेन पकड़ने तो गये, पर छूट गयी। लौटकर फिर लाल जी सिंह के यहाँ आये। संकठा से मुलाक़ात हो गयी संयोगवश। फिर 15 को माधोसिंह स्टेशन से गाड़ी पकड़कर कैंट आया और अमृत बाज़ार पत्रिका ख़रीदते हुए घर आया, उधर शिवमोहन अपने घर गया और शम्भूनाथ जी अपने घर।

अनुभव–

(1) अन्य लोगों को 25 रुपये मिलते और अपने 10 रुपये पाकर दुख का अनुभव किया और कवि-सम्मेलन में जाने के पहले रुपये ले लेने का सोचा। शिवनारायण की अज्ञानता पर हँसी, क्रोध आया। ख़ूब लिखने को प्रोत्साहन मिला।

(2) शम्भूनाथ जी के व्यवहार में परिवर्तन मिला–पता नहीं मैं किस स्तर पर आ गया हूँ। ख़ैर, यह बौद्धिक सम्बन्ध चाहे जैसा हो पर महेन्द्र की ओर उनका खिंचना बढ़ना भी बेढब है। बच्चा को उनका तिरस्कार न जाने कैसा लगता होगा।

(3) मैं जितना गम्भीर था, उतना ही छिछला शम्भूनाथ जी के सामने होता जा रहा हूँ। यह प्रवृत्ति रोकनी होगी, क्योंकि मुझे हरिमोहन, महेन्द्र, बच्चा सागर की लिस्ट में नाम नहीं लिखाना है।

21 मई, 1945

पैरों में लाल महावर, कन्धे में जनेऊ पीला-सा तथा स्वयं शुभ्रवेशी! इन तीन वर्णों के बीच आज मैं सत्यनारायण कथा सुनकर जनेऊधारी हुआ और अकस्मात सपत्नीक 'गुरुमुख' भी हो गया। यद्यपि इनमें से किसी में मेरा विश्वास नहीं है।

आज अकेले गंगा के पावन जल में स्नान करने गया। रास्ते की वर्षा के बीच घुलकर घर आया। भागते राम जी को दो बार खोजा। एक कहानी लिखी। रिज़ल्ट मँगाने के लिए चिट्ठी लिखी। दिन सर्वोत्तम रहा।

30 मई, 1945

कल का दिन भी ख़ूब रहा। विन्ध्यवासिनी की चिट्ठी आयी। शाम को नगेन्द्र (खोर) श्यामनारायण के साथ आया। बड़ा ही परिवर्तन उसके विचारों में हो गया है। वह तर्कपसन्द, उद्धत, दूरदर्शी हो गया है। उग्र विचारों का होने के कारण मुझे वह बड़ा विचित्र लगा। बातें भी बहुत रहस्यपूर्ण और पागलपन लिए करता है। आज प्रातः गया। शेखर, तितली, गोर्की के संस्मरण, मार्क्सवादी रूसी क्रान्ति का इतिहास...पाँच किताबें ले गया है। श्याम अध्ययनशील मालूम होते हैं।...

8 जून, 1945

कल प्रातः खोर नगेन्द्र के यहाँ गया। आज प्रातः अपनी पुस्तकों सहित उसकी क्रान्ति युग के संस्करण और A Short History of the World ले आया। ख़ूब जमकर बातें हुईं। आज अख़बारों में उलझा रहा। इधर बीच शिवमोहन का चुहचुहाता कार्ड आया। मैगज़ीन जो Bookpost की वह शायद उसे नहीं पहुँची। आज उसे पत्र लिख रहा हूँ। शम्भूनाथ जी को भी

पत्र लिखने जा रहा हूँ। कल हमारा परीक्षाफल निकलेगा—मालूम, पता नहीं क्या होगा। जी धक-धक कर रहा है।

जुगुल सिंह (भदाहूँ) के अत्याचार पर भी कहानी लिखने का विचार है।

10 जून, 1945

गुरु कृपाल ग़जट लेकर आये। करजौरा गया। नतीजा मालूम हुआ। I. H. M. फल सन्तोषजनक नहीं रहा। वजीफ़े की कोई उम्मीद नहीं। शिवमोहन और पारस का नतीजा एक-सा मिला। हमारे रूमफेलो तीनों II पाये। लोकनाथ न जाने कैसे I.H.M.S. हो गया। ख़ैर, भाग्य है!

11 जून, 1945

रामअवतार के गाँव दौड़ा गया। वे यहाँ आये थे। फिर लौटा। रास्ते में मिले। साथ ले आया। रात में ससुराल वालों को कविताएँ सुनायीं।

15 जून, 1945

कल दोपहर को स्वप्न में महँगू सिंह की आत्मा सशरीर मिली। विचार-विनिमय हुआ। आज 'उदय', 'राधे' तथा जितेन्द्र का पत्र आया।

दिन सर्वोत्तम रहा।

सबके पत्र हृदय की कली खोलने में समर्थ रहे।

कल सकलडीहा जाने की सोचता हूँ।

कविताएँ लिखीं—पढ़ाई नहीं हो रही है।

22 जून, 1945

प्रोग्राम के अनुसार सकलडीहा कोट गया। बड़ी ख़ातिर की जितेन्द्र ने। 'दूध का पान' एक नयी चीज़ खायी। कुल दो दिन— 16-17— तक रहा। सचमुच वे सब अब भी रईस की तरह जीवन बिता रहे हैं। मौलश्री के पेड़ तले उनके बीच होने वाली 'पार्लियामेंटरी बहस' नहीं भूलेगी। वह राजसी ठाठ मेरे लिए साँस को रोकने वाला सिद्ध हुआ। जितेन्द्र में भी वहीं भावना मूलतः है।

18 को ताजपुर गया। कविताएँ सुनानी पड़ीं। 19 को अम्मापार राम इक़्बाल के साथ गया। 20 की शाम को छितौनी गया। नगेन्द्र, रुद्र, वीरेन्द्र, बुद्धसेन मिले। नगेन्द्र से मिलकर प्राणों की कली खिल गयी। वह भी फर्स्ट होस्टल में रहेगा। शायद मेरे रूम में रहे। 21 को अकेले लौट आया। एकादशी व्रत भी था। शाम को पिताजी ने अविश्वासवश मुझ पर क्रोध किया। उन्हें समुचित उत्तर मिल गया—तब कहीं वे शान्त हुए। शाम को स्वराजप्रकाश, शम्भूनाथ जी, शिवमोहन और विन्ध्यवासिनी के कार्ड मिले। दिन भला रहा। केवल पिताजी के अविश्वास और मुझे झूठा समझने की भावना का दुख था।

ईश्वर ने चाहा तो कभी मेरे घोर सत्य पालन को देखकर उन्हें प्रसन्नता ही होगी। 23 को बनारस जाने का विचार है।

23 जून, 1945

कल 22 जून को जीवन की महान और कई घटनाओं में एक घटना हुई। सुनी-सुनाई बातें कल साकार हुईं। वार्तालाप का सिलसिला—बेले के फूल की भेंट। चोर-सी आत्मा के भीतर भी विश्वास की रक्षात्मक दीवार खड़ी थी जैसे। 'नारी और पुरुष' 'प्रकृति और ब्रह्म' के विषय में दार्शनिकों-सा चिन्तन किया। देखें आज का दिन कैसा होता है। टिकट नहीं मिला तो—तो भी बनारस जाऊँगा। सम्भवतः 26 तक ज़रूर लौट आऊँगा।

29 जून, 1945

26 को तो नहीं लेकिन 28 को घर आ गया। इस बार बनारस अनुभवों का ढेर लग गया था। जाने के दिन स्टेशन पर शिवमूर्ति मिश्र 'शिव' सपत्नीक मिले। बच्चू की माँ मिलीं। थर्ड का टिकट लेते हुए भी इंटर में यात्रा की।

इस बार महेन्द्र के चक्कर में पड़कर शम्भूनाथ जी ने बहुत दुख दिया। अन्त में मैं बीमार भी पड़ गया। उधर वे मौज कर रहे थे। ख़ैर, इसमें उनका दोष नहीं। हरिमोहन भी मिल गया। एक दिन हाथ से भोजन बनाया गया। वह बेचारा भी बीमारी की अवस्था में घर गया। त्रिलोचन, अमृत मिले। सिनेमा देखते-देखते नहीं देख सका। इस बार प्रूफ़ देखना सीखा।

महेन्द्र की डायरी के कुछ पन्ने 'क्षत्रिय मित्र' में छप रहे हैं। शम्भूनाथ जी उसकी बड़ी प्रशंसा करते हैं क्योंकि वह विचारात्मक और आत्मविश्लेषण युक्त है किन्तु डायरी मुझे उतनी नहीं भायी। मैं घटनाओं वाली सजीव, यथार्थ डायरी अधिक पसन्द करता हूँ। आज तबीयत कुछ ख़राब है।

3 जुलाई, 1945

बुख़ार ने तो परसों ही दम तोड़ दिया किन्तु अभी तगड़ा नहीं हो पाया मैं। कल बंगला में—'विवेकानन्देर कथा ओ गल्प' समाप्त किया। शरतबाबू की 'अरक्षरमीया' शुरू किया है। 'कांग्रेस का इतिहास' समाप्तप्राय है। शेखर को दुहरा कर पढ़ रहा हूँ। आज सुना है कि नथुनी 'मेरिट-लिस्ट' में आ गया। मैं तो—उसमें आने को नहीं—पर पता लगाना भी क्या व्यर्थ है? शीर्ष की कहावत सच है। कल कमालपुर जा रहा हूँ। कॉलेज शायद 10 को खुले।

15 जुलाई, 1945

रात के 9 बजे हैं। डायरी इतने दिन जैसे वह भूल बन गयी थी जो याद करने के प्रयत्न में भूलती ही जाती है। घर से 9 को ही आ गया। उदय प्रताप के घर गया। दिल खोलकर मिले वे। फ़िर तो जैसे आसमान समुद्र में प्रतिबिम्बित हो उठा था। स्कूल आया। लाख दिक्क़तों के बाद भी भली जगह मिल गयी। इन्द्रशंकर, शिवनाथ, त्रिलोचन तथा उदय प्रताप के साथ गंगा तट पर विहार किया—कविता पाठ किया। एक मधुर उत्साह मिला। दानोपुर के दम घुटने वाले वातावरण को देखकर मैंने महसूस किया कि धनियों के बीच रहना वायुहीन स्थान में साँस लेने के समान है।

आज देवी आये। रूम में तो रंगदेव, संकठा तथा नगेन्द्र साथ हैं ही। दिन जैसे हँसती आँसू की बूँद-सा था। किन्तु अनजाने आज राधे ने मेरा मूड ख़राब कर दिया। मैंने नाहक नगेन्द्र को नाराज़ किया पारस के प्रश्न को लेकर।

एक रूसी उपन्यास पढ़ रहा हूँ। सन् 42 के आन्दोलन पर कुछ लिखने की प्रेरणा उससे मिली। कुछ याद की चीज़ें—

19 जुलाई, 1945

डेढ़ घण्टे की क़ीमत जो कुछ हो सकती है वह है आज की डायरी। रूसी उपन्यास 'पृथ्वी और आकाश' को समाप्त करके दो प्रेमी व्यक्तियों की पारस्परिक मधुर मूकता के भंग करने में प्रयत्नशील हो गया, यद्यपि हृदय से मैं उसमें दिलचस्पी नहीं ले रहा था। ख़ैर, वे दोनों मेरे साथी हैं–दोनों के स्वभाव से बहुत कुछ मैं परिचित हूँ। तो बाहर फील्ड में डेढ़ घण्टे दोनों व्यक्तियों की बातें चुपचाप सुनीं। एक अनुभव हरा हो गया। नवीं कक्षा में अपने प्यार के जीवन की लघु एवं सूक्ष्म अनुभूतियाँ याद आने लगीं। तो सचमुच मैंने दार्शनिक की भाँति उनकी बातों पर विचार किया। शैशव के प्यार में दो अबोध हृदय तिल को ताड़ बनाते हैं, कैसे रूठते और मनाते हैं। और मनोविज्ञान का ख़ज़ाना तो गोया खुलकर बिखर-सा जाता है। हृदय की कितनी सफ़ाई एवं विह्वलता तथा सांकेतिक भावनाओं का विकास हो रहा था। मैं अपने गत प्यार वाले भयंकर युग के परावर्तन की कल्पना कर काँप उठा। सचमुच प्यार अन्धा होने के साथ मूर्ख अथवा अबोध होता है या इन्द्रियहीन होता है। ख़ैर, एक नये साथी मार्कण्डेय सिंह से परिचय बढ़ा। वे बड़े भावुक हैं। मेरी भावुकता अब सचेत हो चली है जो स्वयं को धोखा नहीं देती। मुझे अब सन्तोष--आत्म सन्तोष है। इस वर्ष पढ़ने की अभिरुचि विशेष है। नम्बर मँगाया है। देखें क्या होता है। दिल जैसे कहता है बहुत ख़राब नम्बर होंगे।

लोकनाथ 392, पारस 377, सूर्यनाथ 373 तथा राम इक़बाल 371 पाये हैं। शेष का गर्भ में है।

मेरा विषय संस्कृत, हिन्दी और civics है।

विशेष–कल 18 को प्रसाद परिषद् की बैठक में आचार्य नरेन्द्र देव जी का भाषण सुनने गया था। स्वयं कविता भी सुनानी पड़ी। औरों से परिचय बढ़ा। डॉ. स्वामीनाथ को देखा। उनके चेहरे पर मुझे दृढ़ विश्वास की रेखा मिली। आचार्य जी का हिन्दी-हिन्दुस्तानी का सुलझाव बढ़िया था।

23 जुलाई, 1945

आज रूम के बीच किसी भाई द्वारा असन्तोष एवं अविश्वास भरे भावों का

उद्‌गार पाकर मैं प्रायश्चित्त करना चाहता हूँ। आज अन्तरात्मा से सलाह लूँगा अपने जीवन निर्माण के लिए।

25 जुलाई, 1945

आज मेरा नम्बर अत्यन्त प्रतीक्षा के बाद आ गया। क्रमशः अंग्रेज़ी, हिन्दी, गणित, संस्कृत और हिस्ट्री में 97, 75, 76, 69, 65 = 382 मिले हैं। दोपहर को सोया था किसी बुरे स्वप्नजाल में कि...सामने नम्बर...क्षोभ हिन्दी के नम्बर से, खेद संस्कृत पर तथा हिस्ट्री पर तो हृदय ही बैठ गया। तो मेरी हिन्दी का यह हाल कि क्लास में फर्स्ट भी नहीं हो सका। क्या ये नम्बर मुझे भविष्य के लिए चेतावनी व चेतना बनेंगे।

31 जुलाई, 1945

सचमुच भोजन करने के लिए ही जीवन पाप है लेकिन इतने दिनों से मैं केवल भोजन के लिए ही जीवित रहा। पुस्तकें पास हैं किन्तु अध्ययन कोसों दूर। कम-से-कम अब तो पढ़ाई शुरू करनी ही है। यह सच है कि रंगदेव, संकठा और नगेन्द्र इन तीन रूमफेलो में से कोई बाधक नहीं किन्तु अन्तिम मेरी गम्भीरता, स्वाभिमान और स्वतः चेतना पर आवरण डालता जा रहा है। तो मैं अब केवल—केवल पढ़ना चाहता हूँ। नियमित होना तो कोई गुनाह नहीं ही है।

3 अगस्त, 1945

दिन के मोती में नूतनतम घटनाओं की आव मिली। बगल बनवाया। हृदय नारायण आया। सागर सिंह प्रगतिशील लेखक संघ की बैठक में बुला गये। एक सिद्धान्त मिला। प्यार पतंग की डोरी की तरह है जिसकी प्रगति बिल्कुल एक स्थिति में सीधे नहीं होती आरोह और अवरोह के साथ।

परसों शम्भूनाथ जी, त्रिलोचन आये थे। 'प्रोत्साहन' कहानी के लिए साथ ही प्रकाशन के लिए भी मिला।

6 अगस्त, 1945

कल प्र. ले. संघ की बैठक में लाइब्रेरी शम्भूनाथ जी के साथ गया।

गाँधी आश्रम में एक धोती साढ़े चार रुपये की ली। वहाँ सागर की कहानी 'लोकतिथियाँ' सुनने में आयी जो बड़े ही सुन्दर ढंग-भाषा में वर्णित थी पर कुल मिलाकर वह जँची नहीं। शास्त्री का लेख 'काव्य और अर्थबोध' सुना। सोचा था वह गम्भीर होगा पर वह व्यंगात्मक, छिछला निकला। अमृत का लेख 'मार्क्सवादी आलोचना का शाश्वत मानदण्ड' गम्भीर लेख था जिसमें केवल उलझा हुआ अध्ययन बोल रहा था। कलेवर गम्भीर था और आत्मा निर्जीव हो सकता है मैंने उसे ठीक से न समझा हो! अन्त में शम्भूनाथ जी को कविता सुनाने को कहा गया। सुनायी उन्होंने। किन्तु सुरेन्द्र जी, कल्पना जी और विश्वविद्यालय के अनेक छात्र कवियों के होते हुए भी केवल मुझे कविता सुनाने की आज्ञा हुई। मैं झेंप गया। उन लोगों की जल्दीबाज़ी ठीक नहीं थी। ख़ैर, कविता ख़ूब जमी। लौटा ग्यारह बजे रात। दिन भला रहा। कल शम्भूनाथ जी के घर पर रवीन्द्र जयन्ती है। शामिल होना है।

अगला क़दम–

1. जैसा बा. हीरालाल सिंह ने आश्वासन दिया है, ट्यूशन की खोज।
2. क्षत्रिय महासभा के स्कॉलरशिप के लिए कोशिश।
3. कुछ कहानियाँ लिखना और कविताओं के प्रकाशन की बात।
4. नियमित पढ़ाई की ओर ध्यान, मज़ाक़ से हाथ का खींचना।
5. तुलसी पर एक लेख लिखना।
6. फ़ीस माफ़ी का प्रयत्न।
7. विशारद की परीक्षा देना।

8 अगस्त, 1945

कल P.W.A. की ओर से शम्भूनाथ जी के मकान पर रवीन्द्र स्मृति दिवस मनाया गया। वहाँ विन्ध्यवासिनी हृदय खोलकर मिले। आयोजन पूर्ण सफल रहा। रवीन्द्र की कविताओं का बंगाली गीत में रसास्वादन किया गया।

आज हिन्दी के वयोवृद्ध महापुरुष बाबू श्यामसुन्दर दास की मृत्यु 9 बजे प्रातः हो गयी। अपने छात्रावास में शोक समिति का आयोजन किया। अभी-अभी रात के 10 बजे जितेन्द्र मिले।

नम्बर कोई अधिक पाये पर वह आनन्द जो मैं पढ़कर प्राप्त करता हूँ कोई नहीं पा सकता भले इसे कोई न जाने।

12 अगस्त, 1945

आज का दिन भी ख़ूब रहा। लगभग 12 बजे तक 'शहीद दिवस' मनाया। इसके बाद शम्भूनाथ जी के घर गया, किन्तु वे चले गये थे। अच्छा हुआ। फिर हरिमोहन के यहाँ गया। वहाँ 4॥ बजे तक सोया रहा बाद में वहाँ से लौट कर शिवमोहन के साथ नागरी प्रचारिणी गुप्त जी की हीरक जयन्ती में गया। वहाँ शम्भूनाथ जी मिल गये। इसके बाद हरिश्चन्द्र के कवि सम्मेलन में भाग लिया। स्वयं भी कविताएँ सुनायीं। लोगों को पसन्द आयीं ख़ूब। निकट से महादेवी जी, गुप्त जी, उनके भाई सियारामशरणजी, हितैषी, भगवतीचरण वर्मा और दिनकर आदि को देखा। लगभग 1 बजे लौटा। कल भी प्रसाद परिषद् में जाना है। नागपंचमी भी है।

गुलाब मुझे 'रूप' का कवि मालूम पड़ता है, जो उसकी अपनी विशेषता है। उसकी प्रतिभा बड़ी उर्वरा लगती है। महादेवी जी कवि-सम्मेलन में उतनी ही गम्भीर थीं जितनी व्यक्तिगत जीवन में सरल हँसती हुई।

14 अगस्त, 1945

दिनकर की शक्ति केवल भावों की मोटी-मोटी लकीरें खींचने तक ही सीमित है। और गुप्त जी तो मुझे 'सठियाये' से लगते हैं उम्र में ही नहीं, विचारों और भावों में भी।

अपने रूम के वातावरण की एक कहानी लिखना चाहता हूँ। उसमें स्त्री समस्या का सुलझाव रहेगा। छात्रों के बीच उनकी पत्नी किस रूप में आती हैं और एक अविवाहित उसमें कितना रस लेता है।

गुलाब का 'कच-देव पानी' प्रबन्धकाव्य कामायनी के अनुरूप चल रहा है। आज प्रसाद परिषद् में लोग उसकी काफ़ी प्रशंसा कर रहे थे। क्यों? वह गा तो नहीं रहा था। फिर? उसकी कविता प्रसाद की शब्दावली के कगारों में बह रही थी। मुझे प्रेरणा मिली ख़ूब गम्भीर वस्तुएँ लिखने की, जिनका आधार क्षणिक सर्दी-गर्मी वाले मनोविकार वाला न हो!

मैं 'चित्र उपस्थित' करने के पक्ष में हूँ। हाँ वे पर्याप्त मात्रा में बिम्ब ग्राही हों।

प्यार के गीतों में अब नवीनता नहीं रह गयी है—जीवन, जगत की चीज़ें लिखनी हैं।

16 अगस्त, 1945

'नामवर, हास्पिटल में शम्भूनाथजी बुलाये हैं।' विजय कुमार तीन दिनों के बाद मौन भंग करते हैं और मैं हास्पिटल जाता हूँ। वहाँ ठा. द्वन्द्वराज सिंह भी बैठे हैं। उन्हें नमस्कार करके आगे बढ़ता हूँ कि पूछते हैं—

'तुम्हारी फ़ीस माफ़ हुई?'

'जी।' शम्भूनाथ जी अभी मौन हैं।

'बड़ी दिक्क़त से माफ़ हुई। साहब तो उस कवि-सम्मेलन की बात दुहरा रहे थे।' मैं सिर झुका लेता हूँ कि शम्भूनाथ जी बोल उठते हैं—'वे तो कहेंगे ही लेकिन उससे नुक़सान ही क्या हुआ इनका।' 'लेकिन संस्कृत में डिस्टिंकशन जो नहीं हुआ' मास्टर साहब कहते हैं। 'भाग्य है। फिर किसी तरह यहाँ दो वर्ष बिताना है। यहाँ के लोगों के idea की परवाह जो करेगा वह अपनी ज़िन्दगी में कर ही क्या सकेगा?' गरम होकर शम्भूनाथ जी आग उगल देते हैं। मैं सन्न रह जाता हूँ। मास्टर साहब के चेहरे पर झुर्रियाँ पड़ जाती हैं। मेरी ग़रीबी का प्रश्न आ जाता है। मास्टर साहब ज़ोरदार शब्दों में कहते हैं—मैं तो कोई बहुत ग़रीब नहीं हूँ। इसके बाद शम्भूनाथ जी के साथ कम्पाउंडर चले जाते हैं।

19 अगस्त, 1945

रात को पढ़ना और दिन को सोना एक आदमी का काम नहीं, एक पढ़े-लिखे उल्लू का ही होता है। किन्तु करूँ क्या? किताब लेकर लेटते ही नींद, काले अक्षरों से उड़कर आँखों में छा जाती है। मैं बैठकर ही पढ़ने की चेष्टा करता हूँ पर होता नहीं।

'अब बहुत हो चुका रस-मन्थन!' मैं व्यर्थ ही कुछ लड़कों के फेर में पड़कर अपने टाइम को गँवा देता हूँ।

हाँ, अध्ययन को सबसे पहले महत्त्व देना है। बहुत कुछ लिखना भी तो है। उम्र तो जैसे कर्पूर-सी उड़ रही है। 19 का होने जा रहा हूँ पर रह गया बुद्धू!

20 अगस्त, 1945

"तुम इतने अधिक घमण्डी हो कि कुछ नहीं कर सकते न भविष्य में कुछ हो सकते!" रंगदेव ने छूटते ही कहा और नगेन्द्र ने समर्थन किया। उन्हीं की ध्वनि में गूँज गयी वर्ष-दो वर्ष पहले कहे गये कुछ लोगों की वाणी।

अपनी छाती पर हाथ रखकर पूछता हूँ अपने आप से–'क्या यह सच है?' ध्वनि आती है–'हाँ' कुछ अंश तक ज़रूर! तब दिमाग़ बीच में आ जाता है, मैं उसका सहारा लेता हूँ। क्यों? अपने को गर्व रहित सिद्ध करने के लिए? नहीं! गर्व की परिभाषा निर्धारित करने के लिए क्योंकि आत्मा ऐसा न्यायाधीश है जो प्रायः अपने पात्र का ही अपराध बतलाता है। वहाँ दिमाग़ का वकील तर्क का पुलिन्दा लिए ठप्प रह जाता है। न साक्षी न गवाह।

तो अपने को समझना ही गर्व है? नहीं। अपने को समझना तो वास्तविक ज्ञान है जैसा सुकरात ने कहा है। किन्तु अपने को ग़लत समझना यानी अपने को न समझ कर अपने 'उस ज्ञान' को समझने लगना ही गर्व है–भले अपने ज्ञान को वास्तविक से अधिक समझना या उतना ही समझना जितना है।

तो मुझे यही समझना है कि 'I know one thing and only one thing that I know nothing.' किन्तु यह आज और केवल आज ही सोच रहा हूँ जब मुझे ठेस लगी है। फिर 'कुकुरे अढ़ाई परै' सच तो यह है कि बुराइयाँ या मनोविकार घास की तरह होते हैं जो थोड़ा दबाने पर दब जाते हैं किन्तु उन पर से गुज़र जाने पर वे जैसे के तैसे 'फिर बैतलवा डाल के डाल' हो जाते हैं। तब हम बेफ़िक्र रहते हैं। हम बुराइयों को पेड़ समझते हैं जो एक बार काट देने पर फिर नहीं होते–यहीं हम ग़लती करते हैं।

समाज हमेशा सही नहीं होता किन्तु हमेशा ग़लत भी नहीं होता। तो आज मुझे घमण्डी का रिमार्क देने वाले लोग समाज हैं? वे तो दो व्यक्ति हैं केवल। हाँ, किन्तु यह रिमार्क कितनों का है जिनके उत्तर में अपना सुधार

न कर मैं जवाब देता रहा हूँ—'आप मुझे समझते ही नहीं।' वाह रे मैं! जिसे समाज नहीं समझता। समाज मुझे जितना समझता है, वही नहीं हूँ, यह सच है; यह भी सच है। तो अपना सुधार करने के लिए समाज को सही मानना होगा क्योंकि वह बिना दाम का आलोचक है।

स्वयं क्या हूँ, यह अपने लिए उतना महत्त्वपूर्ण नहीं, जितना समाज के लिए। तो समाज में रहने के लिए तथा आत्म निर्माण के लिए भी 'गर्व को त्यागकर विनय को वरण करना होगा।'

मानता हूँ मन का गर्व, वाणी के गर्व से ख़तरनाक होता है किन्तु वाणी तो मन का प्रायः प्रतिनिधित्व करती है। तो मुझे वाणी वाले इस छोटे गर्व तरु को अभी से उखाड़ना होगा। मैं उन दो भाइयों को धन्यवाद दूँगा कि उनके कारण मुझे सद्बुद्धि की प्रेरणा मिली।

25 अगस्त, 1945

कॉलेज यूनियन के लिटरेरी सेक्रेटरी का पद अनायास ही प्राप्त हो गया। मुझे वोट काफ़ी मिले, पर यह भार पढ़ने में बाधक ही सिद्ध होगा, फायदा कुछ नहीं। इसी सिलसिले में एक अनुभव प्राप्त हुआ। वह यह कि मेरे सामने कोई जब अपनी झूठी प्रशंसा करता है साथ ही मेरी भी प्रशंसा कर देता है अथवा मेरी निन्दा कर देता है तो मुझे बुरा लगता है। क्या यही बात और कोई सोचता होगा जिसके सामने मैं अपनी प्रशंसा करता होऊँ। सोचने की दूसरी बात है प्यार की ओर से वितृष्णा।

मैं स्वस्थ रूप को देखने के लिए दिनोदिन तीव्र अनुभूतियों वाला हो रहा हूँ। किन्तु किसी से प्यार पाने के लिए अब उत्सुक नहीं होता। यह परिवर्तन काफ़ी स्वस्थ है। शायद इस प्रवृत्ति को नगेन्द्र की अन्तर्विरूपता ने दबा दिया। मैंने उसे जवाब दे दिया है कि तुम्हारे प्रति मैं बहुत उदासीन हूँ पता नहीं क्यों? वह भी R के प्रति झुकता जा रहा है। मुझे अब सन्तोष है। तृप्ति भी मुझे है। अब किसी के प्यार का प्यासा नहीं।

27 अगस्त, 1945

'तुम व्यर्थ ही बाहरी कामों में व्यस्त रहते हो समझते हो चालाकी है पर

यह बेवक़ूफ़ी है।' रंगदेव कहते हैं। मुझे दुख होता है सोचता हूँ क्या सच है? सम्भव है। किन्तु इसमें उनके शब्द ताना, व्यंगपूर्ण हैं मुझे शिक्षा देने वाले नहीं।

28 अगस्त, 1945

मार्कण्डेय का साथी केदारनाथ खण्डेलवाल आया है। मिला, कविताएँ सुनी-सुनायीं। वह बड़ा ही मधुर व्यक्ति है साथ छोड़ने की तबीयत नहीं करती पर वश ही क्या।

30 अगस्त, 1945

क्वींस कॉलेज के कवि-सम्मेलन में अनिच्छा ही चला गया। हरिमोहन और बद्री को भी साथ घसीटता गया। किन्तु वहीं से शिवपुर वाले भी ले गये। शिवपुर आने पर मिल जाते हैं सागर सिंह, शम्भूनाथ जी के साथ मोतीलाल। कवि-सम्मेलन समाप्त होते ही मोती, वकील साहब तथा मैं एक ही रिक्शे से शम्भूनाथ जी के मकान पर जाते हैं और वहाँ सारे दिन का नाटक घोर संघर्ष के बाद दुखान्त हो जाता है।

बात यह होती है कि मोती से मैं सिनेमा का गीत सुनाने को कहता हूँ और वे ज्यों ही शुरू करते हैं कि शम्भूनाथ जी मज़ाक़ में कहते हैं—"मोती, तुम गाते समय आवेश में आकर जंघे पर थपकी देने या हाथ नचाने क्यों लगते हो? लोगों पर इसका बुरा असर पड़ता है।" बस रसभंग हो जाता है। जो व्यक्ति बाहर इतनी प्रशंसा पा चुका है और सदैव प्रशंसा का इच्छुक रहता है, वह इस प्रकार की आलोचना भला कैसे सहन कर सकता था। बातें बढ़ गयीं और हिन्दी से अंग्रेज़ी में आ गयीं। तभी मैंने समझा कि अब झगड़ा रबर बना क्योंकि अंग्रेज़ी में अपने भावों को तो पूर्णरूपेण उतार नहीं सकते थे और हिन्दी बोलना 'below dignity' था। बस झगड़ा भयंकर हो उठा। दोनों एक-दूसरे को डाही तथा बेवक़ूफ़ बनाने लगे। सागर सिंह भी न्याय की बात करते-करते शम्भूनाथ जी की ओर से फट पड़े। मैं मौन। वास्तव में शम्भूनाथ जी को यह शिकायत अकेले मोतीलाल से सोते समय करनी चाहिए थी—फिर यह शिकायत एक बार शम्भूनाथ जी मोती से पहले भी

कर चुके थे और झगड़ा हुआ था। अतः इस बार उन्हें सचेष्ट रहना चाहिए था। जब वे जानते हैं कि मोतीलाल ऐसी बात नहीं सुनना चाहते। फिर मोतीलाल उनके 'गेस्ट' थे, घर पर उनको ऐसे कहना मोटे तौर से अपमान करना ही है। फिर भी शम्भूनाथ जी यदि ढीले, नरम होकर अपनी बात उन्हें समझा देते या उसे कहकर भी रोक लेते तो मोतीलाल यों न लड़ते। और कितने भोले या मोती के शब्दों में मूर्ख (?) वे हैं जो मुझे भी उस बात में अंग्रेज़ी लेकर टपक पड़ने के लिए कहते हैं। शायद इसीलिए कि वे इस बात को, जिसे मोतीलाल बड़ी समझ रहे हैं खिलवाड़ या बहस मात्र मानते हैं। यहीं उनकी कमज़ोरी, ग़लती, भोलापन है। अन्त में तो सागर भी हँसी-हँसी में मोती से लड़ पड़ते हैं—मैं मौन ही रह जाता हूँ। अन्त में मोती शम्भूनाथ जी का मकान छोड़कर वरना वाले मकान में सोने चलते हैं, शम्भूनाथ जी उन्हें रोकते नहीं, पहुँचाने चलते हैं,—मैं सड़क पर पान वाली दूकान तक साथ हूँ। फिर कॉलेज की ओर क़दम बढ़ाने के पहले पूछता हूँ—

'मोतीलाल जी, कल तो रहियेगा न?'

'नहीं अब न रुकूँगा।'

'अरे! यह क्या ...'

कि शम्भूनाथ जी बात काट देते हैं

'तुमसे इससे क्या मतलब जाओ।'

'रहो नामवर, मैं तुमसे बात करूँगा।'

मोतीलाल जी शम्भूनाथ जी के विरोध में कहते हैं और मेरे पास आ जाते हैं। मैं स्तम्भित। न तो मोती के प्रति अपनी सद्‌भावना प्रकट कर पाता हूँ न शम्भूनाथ जी की बात मान पाता हूँ। अन्त में रुँधे कण्ठ से मोतीलाल को नमस्कार करता हूँ, वे फिर मिलने का वचन देते हैं।

अब प्रश्न है मैं क्यों रुँधे कण्ठ से नमस्कार करता हूँ वे मेरे कौन होते हैं? मैं उनके लिए क्यों दुखी हूँ?

कुछ नहीं, बात बस यह है कि शम्भूनाथ जी की बातें सत्य थीं; पर व्यावहारिक तथा सत्कारोचित नहीं थीं—उन्हें मोती को ख़ुश रखना था। पर वे तो मोती को ख़ुश करना जानते हुए भी नहीं जानते हैं। मैं इसीलिए कुछ दुखी था कि उनका सत्कार मैं क्यों नहीं कर सका।

माना मोती के गीत सिनेमा मात्र के हैं पर हमें फिर भी उनकी प्रशंसा करनी चाहिए। हाँ, उनकी भलाई के लिए आलोचना तब करनी चाहिए, जब वे चाहें या सुनने के मूड में हों। यह कौन जाने कि शम्भूनाथ जी मोती की ग़लतियों या भ्रमों या प्रचारों के डाही या विरोधी हैं अथवा स्वयं उनके! पर फिर भी उन्हें इस रूप में मोती के साथ पेश नहीं आना चाहिए।

मुझे 'प्रेम और संघर्ष' नामक कहानी लिखने का प्लॉट यहाँ मिला। हाँ, मोती, यों बड़े ख़ुशनुमा या मनोरंजक व्यक्ति हैं भले वे सिनेमामय हो गये हैं।

2 सितम्बर, 1945

मोती गये नहीं, रह गये। शम्भूनाथ जी ने उन्हें मना लिया। इधर विन्ध्यवासिनी तथा महेन्द्र भी आये। बातें हुईं। गीत सुने गये। मोती शम्भूनाथ जी से सचमुच क्षुब्ध हैं उनकी उदासीनता को देखकर। आज दोपहर को मोती ने मुझे सोये सोये ख़ूब कविताएँ सुनायीं। सचमुच मोती की भूमि उर्वरा लगती है। मोती की कविता सिनेमा जगत् में जाकर निखर उठी है और उनके फ़िल्मी गीत तो बड़े ही काव्यपूर्ण एवं मँजे हैं।

वह कुछ ही दिनों में कितने गीतकारों को मात-(परास्त) कर सकता है। वह बहुत ही सिद्धहस्त और भावनामय है जब चाहे तब कविताएँ लिख सकता है। "मुझे मोती की कविताएँ जल के झिलमिल अंचल में उभरी हुई कुमुदनी-सी लगती हैं तो शम्भूनाथ जी की कविताएँ मुझे जल की गहराई में पलने वाले मोतियों-सी लगती हैं। मोती के साथ पहला परिचय प्रतापगढ़ जाते हुए हुआ था। दूसरा साथ गाजीपुर में सन् 43 की फ़रवरी में हुआ। वहीं मोती ने मुझे जाना। इसके बाद तीसरी मर्तबा टाँडा (अनवरपुर) में मिला। इस बार मोती मेरे साथ लगातार 48 घण्टे के क़रीब रहे और सोने के समय को छोड़कर कभी चुप नहीं रहे, या तो अपने और शम्भूनाथ जी के जीवन की आलोचना करते हुए या कविताएँ सुनाते हुए। इस बार मैं उनके काफ़ी पास आया। इस बार जब लाहौर से आये तो चौथी भेंट। इस बार भी निकट आये। चिट्ठी लिखने की बात उन्होंने कही। अमृत, त्रिलोचन के साथ मैं शम्भूनाथ जी सहित मोती को पहुँचाने कैंट गया। सेकेंड क्लास में बहुत देर तक कविताएँ होती रहीं। अन्त में हम लोग सस्नेह विदा हुए।

त्रिलोचन मेरे साथ कॉलेज तक आये। मोती, शम्भूनाथ जी को केन्द्र बनाकर बातें होती रहीं। अन्त में नगेन्द्र (खोर) श्यामनारायण के साथ आया। बातें हुईं। ग़लती यह हुई कि उसी के पैसे से मिठाई खिलाई, बाद में देने का होश न पड़ा। वह क्या सोचेगा भला!

इधर बराबर कॉलेज की प्रतियोगिताओं की ज़िम्मेवारी थी; पढ़ना दूर रहा।

'मनुष्य बन्दी नहीं है, वह स्वयं अपने को बन्दी बनाता है।'

यह अच्छा नहीं। इधर वो मैगज़ीन में फँसा रहा। पढ़ाई 10 दिनों से कुछ नहीं हो रही है। अब मैं तो वो होस्टल छोड़कर बाहर जाना चाहता हूँ इसलिए कि पढ़ूँ। मुझे यह बड़ा बुरा लग रहा है।

परसों डॉ. स्वामीनाथ जी से त्रिलोचन के साथ बातें हुईं। उन्होंने मुझे बंगला पढ़ाने का वचन दिया। कितने राजनीतिक विचारों का आदान-प्रदान हुआ।

वे बड़े ही प्रौढ़ और कर्मठ प्रतीत होते हैं। कल राजर्षि जयन्ती है।

3 सितम्बर, 1945

आज का दिन निराशा, परेशानी तथा असफलताओं का था। अपनी अन्तरात्मा की आवाज़ के विरुद्ध भी मैं 'तुलसी' वाला लेख लाने के लिए नेशनल प्रेस गया—वह बन्द था। लौट आया। शम्भूनाथ जी के मकान पर बैठकर 1½ घण्टा ख़र्च किया केवल लेख लिखने में और वह लेख भी मास्टर साहब ने इसलिए नहीं लिया कि पुस्तकें कम थीं। इधर यह निराशा, उधर रूम में बहस। बेकार की बहस हमारे और रंगदेव के बीच छिड़ती जा रही है। नगेन्द्र से बोलना तो छोड़ दिया ही पर उसके प्रति मैं क्यों ताने के शब्द कहता हूँ? वह कौन होता है मेरा? ऐसे कच्चे विचार वाले व्यक्ति लाभ की अपेक्षा हानि अधिक पहुँचाते हैं। रहे रंगदेव। वे तो मेरी बात ही नहीं सुनना चाहते। विचारों में मुझे हराकर मेरे सिर पर आना चाहते हैं और बहस करते समय उनकी यह उछलकूद मुझे नागवार मालूम पड़ती है। क्या मेरे और उनके बीच वही दसवें दर्जे वाली बात हो जायेगी? मैं इसे बचाना चाहता हूँ।

नगेन्द्र का पक्ष लेते हैं किन्तु मुझे इससे क्या—मैं इन छोटी-छोटी बातों में पड़ना नहीं चाहता पर क्या करूँ दिमाग़ इन्हें तरह देना चाहता है। एक गुस्सा कमज़ोरी होता है, एक गुस्सा कर्तव्य होता है।

आज अर्दली बाज़ार वाले बद्री मिले थे। वे लोग कृष्णानन्द के सभापतित्व में एक नवयुवक संघ स्थापित किये हैं। मुझसे उन्होंने 20 सितम्बर वाले उद्‌घाटन में भाग लेने के लिए कहा—यह अच्छी बात आज हुई। इधर मास्टर साहब भी मुझ पर नाराज़ हो गये कि मैगज़ीन के लिए मैं अब कुछ नहीं कर रहा हूँ। कभी-कभी तबीयत करती है, सब कुछ छोड़कर बाहर चला जाऊँ और पढ़ूँ केवल। रूम में तो परेशानी चरम सीमा पर है।

(i) नित्य कुछ लिखने की स्कीम। छोटी-छोटी बातों को जो बेकार-सी डायरी के पेज भरती हैं, महत्त्व न देकर इसे विचारों तथा अनुभवों की चीज़ बनाई जाय जो कुछ लिखने का आधार हो सके।

(ii) बातचीत के सिलसिले में कितनी बातें ऐसी आ जाती हैं जो एक सिद्धान्त को उपस्थित करती हैं उन्हें लिख लेना।

(iii) डायरी का मतलब है नित्य जीवन की एक-एक नींव जोड़कर आत्म-निर्माण करना—वह महेन्द्र, शम्भूनाथ में बीच की वस्तु है।

लिखने की वस्तुएँ–

1. भोजूवीर वाली शराब की दुकान के सामने शराबी दम्पति वाली घटना—शम्भूनाथ जी और मैं। मार्क्स के जीवन में भी एक बार ऐसी ही घटना घटी थी।
2. प्लेटफ़ार्म पर स्केच।
3. दाढ़ी के चक्कर में—उदयप्रताप, रघुवीर।
4. मूँछ में कंघी—रामगुलाम।
5. शहर में एक भिखमंगे का भीख के लिए अपने बच्चे को लटकाये रहना।
6. हिन्दी का अध्यापक दूध मास्टर नियुक्त होता है।

7 सितम्बर, 1945

बदली और हवा, किन्तु दिन का प्रारभ सुन्दर है—सुन्दर और स्निग्ध, सद्यःस्नात... संगीतकार होता तो आज के दिन की आत्मा को स्वरों की

तूलिका से आँक लेता—चित्रकार होता तो उसका चित्र खींचता, मूर्तिकार होता तो स्फटिक शिला में उसके प्रारम्भ को बाँध कर ऊपर कर देता—अमर नहीं अमर तो स्वयं मेरा मैं है। उसके आकार को मूर्त की परिधि में ले आता क्योंकि आनन्द का भी आकार अवश्य होता है जो बोध की उँगलियों से छुआ जा सकता है—अगर वह आकार मूर्त नहीं है, तो यह केवल शिल्पकार को रूप सज्जा की स्वच्छता देता है। आकृति और उत्कण्ठा दासियाँ बनकर उस रूप को सँवारती हैं।

शेखर की इन पंक्तियों में डूबा मैं बीमारी की हालत में भी कितना प्रसन्न हूँ। सचमुच आनन्द, सुख या प्रसन्नता के ही बाँटे की वस्तु नहीं। यह तो दुख में भी सम्भव है। वास्तव में आनन्द, किसी भी अवस्था में रमे हुए मन की आत्म विस्मृति है।

सोया-सोया 'शेखर : एक जीवनी' का दूसरा भाग समाप्त किया। बस पढ़ने पर यही लगता है कि मन कुछ Pensive और thoughtful मूड में हो जाता है। मैं अपने को बहुत ऊँचे स्तर पर पाता हूँ। अपने अन्दर एक शेखर मिलता है। लगता है बहुत दिनों तक विचारात्मक मूड में रहूँगा। आत्म विश्लेषण की भावना जग गयी है। नारी शशि-सी महान हो सकती है। यह यहीं पाया। क्या किसी उपन्यास में नारी का रूप शशि से भी महान हो सकता है? शेखर तो शेखर है ही। ऐसी ज्वाला जिसे व्यक्ति अपने को जलाने वाली महसूस करता है पर वह निखर उठता है कंचन-सा। मुझे यह पुस्तक उपन्यास न लगकर 'डायरी' लगती है। ख़ैर, इस स्वस्थ मन से अपने ऊपर पड़ा प्रभाव लिखूँगा—वाजपेयी जी के लेख को देखूँगा।

आज बंगला की 'स्वामी जी के साथ हिमालय पर' नाम की पुस्तक का कुछ अंश पढ़ा। शैली बढ़िया लगी यद्यपि उससे उनके व्यक्तित्व पर कोई असर पड़ता नहीं दिखाई पड़ा।

टॉलस्टॉय की 'स्त्री और पुरुष' देखी। पढ़ने की इच्छा नहीं हुई। पुस्तक रोचक नहीं लगी। डॉ. लाल की पुस्तक पढ़ रहा हूँ। कल प्रेम और सेक्स पर बहस हुई। मुझे लगा या लगता है कि प्रेम का मूलतत्त्व है सेक्स की पवित्र भावना। आदर्शवादी लोग भले प्रेम को बिल्कुल Abstract हौवा बनाये रखें और ऐसा बनाये जो ख़ुद आदर्श ही आदर्श रहकर यथार्थ न बन सके।

मैं सोचता हूँ आदर्श का मतलब 'यूटोपिया' या 'Fool's Pradise' नहीं है बल्कि समाज में अपनाये गये यथार्थ का वह सुसंस्कृत रूप जो समाज में सम्भव हो सके, सदा आदर्श ही नहीं रहे।

परसों 'विद्यापति' फ़िल्म शम्भूनाथ जी के साथ देखी। पृथ्वीराज का व्यक्तित्व मुझे नहीं छाप सका। व्यक्ति का व्यक्तित्व उसके physical शरीर में नहीं उसके चरित्र में है। जिस रूप में पृथ्वीराज आया है वहाँ भी अपने व्यक्तित्व की हत्या सम्भवतः नहीं कर सकता था। मुझे 'कानन' की स्वाभाविकता और विद्यापति का महान कवि व्यक्तित्व बहुत आकर्षक लगा।

फ़िल्म टेक्नीक में पुरानी होकर भी प्रथम श्रेणी की फ़िल्मों में से है। दृश्य, संगीत कथोपकथन के ख़याल से अतिसुन्दर है। कथानक तो इसमें है ही नहीं। 'विद्यापति' फ़िल्म केवल गानों और बंगाल में विद्यापति के विरुद्ध राधा-कृष्ण सम्बन्धी वासनात्मक गीतों की निन्दा को रोककर शुद्ध प्रेम के रूप को उपस्थित करने के लिए रची गयी। इसमें विद्यापति के प्रति सफ़ाई दी गयी है। यों तो अभिनय में नवीनता नहीं है। गाने सभी कुछ-न-कुछ Classical हैं। सिनेमा को इसी ओर गाने के लिहाज़ से क़दम रखना चाहिए।

9 सितम्बर, 1945

आज केवल 'कार्ल मार्क्स के संस्मरण' पढ़ सका। दिन कर्पूर-सा उड़ गया। फिर भी मैंने मन को स्वस्थ पाया उस पुस्तक को पढ़कर। मुझे अध्यवसाय नामक वस्तु मार्क्स में सबसे महान मिली। वह तो मुझे ऋषि मालूम पड़ता है।

मैं टैगोर से कहीं बहुत बड़ा मार्क्स को मानता हूँ। टैगोर भाग्यवान थे—उम्र, धन, परिवार, ख्याति सब कुछ अनुकूल पाये थे जबकि मार्क्स इसके विरुद्ध सभी वस्तुएँ चरम सीमा पर पाया।

मार्क्स एक युग का निर्माता है। मैं उस ऋषि के जीवन से अत्यन्त प्रभावित हुआ। उसकी आश्चर्यजनक प्रतिभा से तो कभी-कभी दंग रह जाना पड़ता है।

मैं अधिक-से-अधिक उसके व्यक्तित्व के समीप जाना चाहता हूँ। कवि होने से तो विचारक होना लाख दर्जे अच्छा है।

मेरे जीवन में चिन्तन प्रधान हो या भावुकता? चिन्तन ही। भावुकता तो आजकल मूर्खता है।

10 सितम्बर, 1945

आज, शम्भूनाथ जी शाम को आ गये। बातें हुईं। वे 'कल्पना' नामक एक 'रेखाचित्रात्मक काव्य' लिखना चाहते हैं। प्रारम्भ भी कर दिया है। स्कीम के अनुसार वह कृति यदि क्रमिक रूप में रखी जाय तो अति सुन्दर और नवीन होगी। किन्तु उसका लिखा जाना ही कठिन है। उन्हें टाइम कहाँ।

अवश्य। यह ठीक है कि कितने भाव ऐसे हैं जो छोटे-छोटे गीतों में नहीं आ सकते क्योंकि वे या तो सूक्ष्मातिसूक्ष्म होते हैं या गीतों के योग्य तीव्र अनुभूति वाले नहीं होते—या तो वे चित्र मात्र होते हैं या शृंखलाबद्ध भावों की घनीभूत शक्ति जैसे। इन भावों के लिए 'गीत' उतने उपयुक्त नहीं होते जितने शृंखलाबद्ध मुक्तक छन्द निराला जैसे।

ये प्रबन्धत्व का निर्वाह भी कर सकते हैं। तब यह भाव कथानक 'आँसू' जैसी वस्तु होगी भले यह छन्द-रूप में भिन्न हो। 'गद्यकाव्य' भी इसके लिए उपयुक्त हैं किन्तु मेरे लिए साथ ही युग के लिए भी 'गद्यकाव्य' और ख़ासकर टैगोर जैसा गद्यकाव्य मुझे अस्वाभाविक तथा चमत्कारहीन एक ही वस्तु का दुहराना लगता है। हाँ, 'अज्ञेय' की 'चिन्ता' जैसी पुस्तक में आये गद्यकाव्य मुझे भाते हैं। गद्यकाव्यों की ओर संकठा की प्रवृत्ति मुझे काफ़ी नूतन शैली वाली लगती है किन्तु उसमें आवरण अधिक होता है भावों के प्राण की कमी। ऐसा गद्यकाव्य सुन्दर तो लगता है किन्तु अपना कार्य पूर्ण न करने के कारण ठोस-गम्भीर नहीं बन पाता। संकठा में इसी का अभाव है। टैगोर इसी में इतना धनी हैं। राय कृष्णदास दोनों में बनावटी और दरिद्र हैं।

मेरे लिए ऐसे मामलों में मुक्त छन्द उचित है। 'तार सप्तक' का पथप्रदर्शन स्वस्थ होगा। तभी मैं गम्भीर वस्तुएँ लिख सकूँगा। अब अन्य भावों को इसी प्रकार कविता का प्राण बनाऊँगा।

आज दूसरी वस्तु लिखने की राह मिली जो हास्य रस की satirical कहानी होगी।

1. एक राय बहादुर की चोरी। सभी चापलूसों का पहुँचकर चोरी गये सामानों की नीलामी स्वरूप दाम बोलना।
   किन्तु जब उनके नौकर की चोरी होती है तो लोग कहते हैं—घर में भूँजी भाग न थी, चोरी क्या होगी। उधर 'जीयत पंडिया, मुअत भैंस'।
2. एक अमीर बाबू साहब को खेसरा होता है। वे खुजलाने के लिए ही एक नौकर रखते हैं।
3. एक बुद्धिमान लेखक दो कुत्ते पालता है। एक का नाम राय बहादुर दूसरे का खान बहादुर रखता है। कहता है ये सब कुत्ते से अधिक नहीं होते। ऐसे ही उनका नाम जर्मन, जापान।

17 सितम्बर, 1945

कल सोकर उठा तो मालूम हुआ दिन 'दमड़ी' का भी न होगा किन्तु वह 'लाखों' का निकला। लगभग 10॥ बजे थे कुर्सी पर खिड़की के पास बैठा था कि मोतीलाल रिक्शे से फोर्थ हाउस की ओर जाते हुए दिखाई पड़े। भ्रमवश नहीं रोका पर जब लौटे तो रोक दिया। फिर तो उसी रिक्शे से मुझे भी खींच ले गये शम्भूनाथ जी के मकान पर। वहाँ पहुँचते ही मिलते हैं त्रिलोचन शास्त्री। साथ में हैं उमाशंकर नाम के एक व्यक्ति। बस जम जाते हैं हम लोग। मोतीलाल ख़ूब कविताएँ गीत सब कुछ सुनाते हैं।

इसी बीच आ जाता है हरिमोहन फिर मोती के भाई परमा और उनके साथी विद्याधर कोई। कुछ संक्षिप्त जलपान के बाद हम चल पड़ते हैं स्टेशन। प्रकृति के वैसे उन्मुक्त वातावरण में इस प्रकार के उन्मुक्त साथियों के बीच मैं कभी नहीं रहा। हृदय आनन्द से इतना भर गया कि मन में और कुछ सोचने को रहा नहीं। वहाँ से सबको विदाकर केवल हम चार—मोती, साथी सहित त्रिलोचन और मैं—चल पड़ते हैं निशात 'शीरीं फरहाद' देखने। देखते हैं। और दिक़्क़तों के बाद केवल तीन लौटते भी हैं। रास्ते में मेरे रिक्शे पर आ बैठता है एक भला मानस शराब पीने वाला—पर वह मुझे किसी प्रकार का हानिकारक नहीं मालूम हुआ। ...आज सवेरे मोती के बुलाने पर क्षत्रिय मित्र भवन जाता हूँ। आज भी चाय के साथ उससे भी

गरम-सुस्वादु, मोती के गीत चलते हैं। इक्का आता है—मोती, त्रिलोचन को स्टेशन के लिए छोड़कर मैं लौट पड़ता हूँ कॉलेज। मोती मुझसे एक लम्बा साहित्यिक पत्र चाहते हैं। कल या परसों लिख दूँगा उन्हें।

मोती के विषय में विशेष—जहाँ तक व्यक्ति का सम्बन्ध है मोती पूरे एक युवक हृदय, युवक बुद्धि और विचार वाले व्यक्ति हैं। मोती 'day to day' वाले आदमी हैं। हृदय में मौजें उमंग चलती हैं। विचारों में दार्शनिकता का आवरण लिए एक भावुकता छलकती है। कहते हैं मैं अपने को समझता हूँ—ख़ूब समझता हूँ। कविताओं में अधिक-से-अधिक अपने को रखना चाहता हूँ—यही मेरी सच्चाई है। मैं कहता हूँ यही मोती की कमज़ोरी है। मोती जब अपने को देखने लगते हैं तो उन्हें उनका 'मैं' न दिखाई पड़कर उनके सोचे जाने वाले विचार दिखाई पड़ते हैं। वे केवल अपनी छाया देखते हैं—छाया कहाँ पड़ती है—किसके प्रकाश में बनती है यह नहीं देख पाते क्योंकि वे भावुक हैं। मोती बस एक मौज हैं तरंग हैं। आज कहते हैं—मैं बहुत बड़ा भाग्यवान हूँ। अपने भाग्य सितारे को मैं ही कभी-कभी ढँक लेता हूँ। निस्सन्देह यह बात बहुत सही है। शम्भूनाथ जी से वे बहुत बड़े भाग्यवान हैं। किन्तु सम्भवतः मोती का भाग्य सितारा उल्का समान है—वे उसे तारा समझते हैं व्यर्थ। कवि मोती अपने व्यक्ति से महान हैं। जबकि शम्भूनाथ जी का व्यक्ति उनकी कविताओं से महान है। मोती से मैंने पूछा—'क्या उल्लास के गीत सफल नहीं हो सकते—केवल निराशा ही गीतों में सफल हो सकती है? फिर आपका जीवन इतना उल्लासमय है किन्तु गीत दर्दनाक क्यों?' मोती ने कहा—उत्तर पत्र में दूँगा—किन्तु उल्लास क्या है। Experiment मैंने किया ही नहीं। करूँगा। मैं सोचता हूँ मोती यदि उल्लास के गीत लिखें तो कमाल करें। उनकी निराशा मुझे झूठी लगती है। शम्भूनाथ जी की निराशा-प्रसन्नता सामयिक होते हुए भी सच लगती है। मोती 'कीट्स' की कोटि के हैं जबकि शम्भूनाथ जी 'शेली' की...। आज नहीं पर कल यह अन्तर स्पष्ट हो जायेगा। एक बात और। शम्भूनाथ जी जब शीघ्र प्रभाववादी हैं तब मोतीलाल प्रभावशून्य। यह दोनों की दुर्बलता है। इसमें एक का लचीलापन तो दूसरे का दम्भ। कविताओं के लिए मोती सिद्धहस्त से हैं। पर वे बरसाती पानी जैसी चीज़ें हैं ज़रा छानकर दें तो बढ़िया निकलें।

स्वस्थकर निकलें। शम्भूनाथ जी की एक बात मुझे भायी कि मोती की कविताओं पर दार्शनिकता का मुलम्मा मात्र रहता है–वस्तुतः वे छिछली होती हैं। निस्सन्देह मोती फ़िलॉसफ़ी में कच्चे, झूठे उतरते हैं। वे सच्चे चित्र मनमोहक से मनमोहक रूप में दे सकते हैं। उनके सिनेमा के गीत इसी कारण काव्यगुण सम्पन्न हैं। मोती के कुछ expression मुझे बड़े भाये। नवीन भी थे। 'आँखों की गीली धरती पर हँस गये फूल विहँसी कलियाँ', 'रस में रेशे' आदि... मोती के मुक्त छन्द काफ़ी नवीन और गद्य होंगे। उर्दू ने मोती की कविताओं की भाषा, expression पर पॉलिश कर दी है।

त्रिलोचन मुझे उतने गम्भीर अध्ययन वाले नहीं लगते जितने जनाते हैं। वे सबकी बातों में केवल 'हाँ' मिलाते हैं। वह व्यक्ति व्यक्तित्वहीन लगता है।

20 सितम्बर, 1945

कल शाम को ही शम्भूनाथ जी आ गये। साथ में लाये 'छायालोक', 'रातरानी'। दिल्ली तक घूम आये। आज दोपहर को उनके यहाँ जाता हूँ–बातें होती हैं। डॉक्टर साहब भी आ जाते हैं। अख़बार को लेकर राजनीतिक विषय पर बातचीत चलती है। इसके बाद लगभग चार बजे चाय पीकर हम लोग दो आदमी वरना पुल तक टहलते-टहलते चले जाते हैं। नेशनल प्रेस तक जाकर लौटते हैं बारिश के बीच। डॉक्टर साहब एक कहानी की पुस्तकाकार पत्रिका निकालना चाहते हैं। उसी विषय में बातें चल रही हैं। शम्भूनाथ जी के लिए भी एक राजनीतिक साप्ताहिक पत्र के सम्पादक के विषय में बातचीत कर आये हैं। पत्र इलाहाबाद से निकलेगा। अच्छा रहेगा उनके लिए। हम लोग ज्यों ही शम्भूनाथ जी के मकान तक पहुँचते हैं कि बद्री आ जाते हैं अपनी परिषद् के उद्‌घाटन में बुलाने।

कार्यक्रम शुरू होता है। कृष्णनन्द सभापति के पद से लगभग दो घण्टे बोलते हैं। भाषण व्यापकता लिए हुए साहित्य पर होता है। लिटरेचर के लिए हिन्दी में उन्होंने वाङ्‌मय शब्द बतलाया। और भी कितनी बातें इसकी व्युत्पत्ति सम्बन्धी बतायीं। इसके बाद एक सज्जन 'रामायण' का प्रवचन करने उठे। प्रवचन में शेष शैली तो भूषण जी की थी किन्तु एक नयी बात मालूम हुई–तुलसी राजनीति में कितने आगे थे। दोहावली से उद्धृत कुछ

दोहों के अनुसार उन्होंने राजा को भानु, माली और किसान तीन गुणों से युक्त बताया जो बहुत ही up to date है।

बाद में सुरेन्द्र, शिव भी आते हैं। कवि-सम्मेलन शुरू होता है। शिव अहंमन्यता के साथ अपने नये प्रयोग दिखाता है। जो वस्तुतः सतरंगिनी के साँचे में ढले हैं। अन्त में बारह बजे लौटता हूँ।

इधर जैनेन्द्र के विचार, धीरेन्द्र वर्मा की विचारधारा पढ़ा।

21 सितम्बर, 1945

उस दिन 'साहब' की चोरी का पता लगाने के लिए मन्त्र प्रेरित चलते हुए कटोरे को देखकर ओंकार के साथ लौटता हूँ। कटोरे को लेकर मनोविज्ञान पर बातें होते-होते चली जाती हैं धर्म के ऊपर। ओंकार आर्य समाजी प्रवृत्ति का है। मैं इधर सनातनधर्मी किन्तु जीवन में धर्म को नमक के समान अल्प परिमाण में स्थान देने वाला। मैं 'सत्यार्थप्रकाश' का खण्डन करता हूँ उसे कुछ चोट पहुँचती है। वर्तमान हिन्दू-मुस्लिम जिसका कारण मैं दयानन्द को तथा आर्य समाज को भी समझता हूँ। बुद्ध धर्म की फ़िलॉसफ़ी से केवल एक तत्त्व अपनाता हूँ—वह यह कि सदाचार ही धर्म है, जीवन है, ईश्वर है। मैं तो धर्म को बुद्धि की नहीं हृदय-आत्मा की वस्तु मानता हूँ। उपनिषदों ने ईश्वर और धर्म को बुद्धिगम्य बौद्धिक तत्त्व बना दिया। शायद इसीलिए जनसाधारण को वे नहीं छू सके और भारत में धार्मिक आन्दोलन सरलता के मार्ग पर चलने लगा। देखता हूँ तो आज भारत में धर्म का विषय गौण होता जा रहा है।

बालेश्वर को नृपेन्द्र विक्रम का बोर्डिंग हाउस में घुसकर मारना एक कहानी का विषय हो सकता है।

22 सितम्बर, 1945

शिवमोहन के साथ आज 'क़िस्मत' देखने जाता हूँ। बड़ी प्रशंसा सुन रखी थी पर निराशा ही हुई। प्लॉट साधारण और बचकाना है। अशोक कुमार, मुमताज शान्ति की Acting कमाल है—क़िस्मत की जान है। किन्तु क़िस्मत को सबसे अधिक लोकप्रिय बनाने का कार्य प्रदीप का है। बेशक प्रदीप के

गीत बड़े ही सफल इसमें आये हैं। प्लॉट की दृष्टि से परख की कथावस्तु ठोस है। परख केवल गीतों की कमी से फर्स्ट क्लास की फ़िल्म नहीं हो सकी। क़िस्मत को और आकर्षक रूप में सामने रखा जा सकता था।

26 सितम्बर, 1945

इधर जीवन साधारण-सा ही रहा। केवल बाबू हीरालाल सिंह के कॉलेज छोड़ने की चिन्ता प्रधान थी। मेरे सामने प्रश्न है civics छोड़ दूँ? छोड़ दूँ तो कौन-सा विषय लूँ?

ख़ैर, इसका हल बाद में हो जायेगा।

परसों 9 बजे रात से 'देशद्रोही' यशपाल लिखित पढ़ रहा हूँ। आज 1 बजे दिन में समाप्त किया। उपन्यास 1942 के आन्दोलन के प्लेटफ़ॉर्म पर चलता है। प्रमुख समस्या आन्दोलन सम्बन्धी—कांग्रेस, कांग्रेस सोशलिस्ट और कम्युनिस्टों के मत की है।

इसमें कोई शक नहीं कि यशपाल ने कम्युनिस्टों की ओर से सफ़ाई दी है कि वे 42 के आन्दोलन को जिस दृष्टि से रोकते थे—बुरा बतलाते थे उसके अनुसार वे देशद्रोही नहीं हैं। निस्सन्देह डॉ. खन्ना के प्रति सहानुभूति के दो बूँद आँसू गिरा देने ही पड़ते हैं और चाँद के लिए तो जैसे...। किन्तु इस छोटी-सी समस्या को लेकर यशपाल ने अपने नायक देशद्रोही खन्ना के व्यक्तित्व को महान नहीं बनाया। शायद सामर्थ्य रहते भी वे ऐसा नहीं कर सके। डॉ. खन्ना, मेरी समझ में केवल व्यक्तिगत जीवन के अनुसार दया का पात्र है। वह शेखर, होरी, सूर की तरह अमर तथा महान पात्र नहीं है। यह यशपाल का छिछलापन है। यह उपन्यास और भी गम्भीर हो सकता था। अभी 42 के आन्दोलन पर इससे भी सुन्दर, महान उपन्यास लिखा जा सकता है, जायेगा। क्या पर्लबक के 'Dragon Seed' की तरह का उपन्यास नहीं हो सकता। मैंने अभी उसे पढ़ा नहीं। हाँ 'चन्दा' शेखर की 'शशि' की याद दिलाती है। पर उतनी महान नहीं। 'बद्री' का नाम लेते ही सूखी-सी हँसी होंठों पर बिछ जाती है। शिवनाथ के नाम पर माथे पर चिन्तन की शिकन पड़ जाती है। राजाराम पर तो उसकी अज्ञानता देख दया आती है। नसीर का व्यक्तित्व आँखें चौड़ी कर देता है।

खन्ना का जीवन दुख से प्रारम्भ होकर भयंकर दुख में ख़त्म होता है। मृत्यु के पंजे से चलकर मृत्यु की गोद में जाता है। लेखक की लेखनी से छूट कर पाठक के दिल में बैठ जाता है। उपन्यास के कुछ पेज शुष्क हो गये हैं अन्यथा उपन्यास तो चुम्बक है।

29 सितम्बर, 1945

नित्य की अपेक्षा कुछ देर से सोकर उठा। शरीर में उल्लास, फुर्ती ज्ञात हुई। हुआ भी वही। बातें हुईं—युवक छात्रों की बातें। बढ़कर हाथ मारा। रामनगर यात्रा की ठहरी। बस सब कुछ ठीक। रघुवीर केवल जाने में आनाकानी करते हैं—किन्तु विजय कुमार, उदय प्रताप आद्या प्रसाद, विश्वनाथ, रामचन्द्र, केशव, रामवदन और शिवमोहन के साथ हम दोनों चल पड़ते हैं। दशाश्वमेध से नाव द्वारा चलने की ठहरती है। रिक्शे से उतरते हैं कि विजय कुमार चितरंजन पार्क के बगल में तिमंज़िले मकान की ओर मुझे संकेत करते हैं। देखता हूँ—मुक्तकुन्तला एक षोडषिया सड़क की ओर मुँह किये खड़ी है। वे हँसकर पूछते हैं—'देखा सौन्दर्य।'

मैं उस नैसर्गिक सौन्दर्य को उस सौम्य वातावरण में देखता हूँ। लगता है सचमुच नारी हमसे इतने ऊँचे खड़ी है वह ओझल हो जाती है। मुझ पर तन्मयता का आकाश रूप के बादलों सहित छा जाता है। × × × नाव धारा के प्रतिकूल चलती है। गंगा के मटमैले पानी की लहरें भी किरणों के अन्तराल में मुस्कान की रजतलता-सी झूम जाती हैं—आँखें न तो बन्द होती हैं न देख ही पातीं खुलकर भी।

मैं कुछ कविताएँ सुनाता हूँ सुनाता चलता हूँ। लगभग 2 घण्टे बाद रामनगर आ जाता है। क़िला देखने के पूर्व हम लोग हाई स्कूल, कोतवाली, पुलिस लाइन होते हुए रामबाग तक जाते हैं सब कुछ देख-सुनकर लौटते हैं क़िले की ओर। यहाँ मिल जाते हैं रंगदेव, पारस, राम इक़बाल, फतह बहादुर, हृदयनारायण, केदार और विश्वनाथ सिंह। क़िले के अन्दर हम देखते हैं राजसी ठाठ-बाट। सबसे सुन्दर है राजा साहब का ड्राइंग रूम। शीशे के नक़्क़ाशीदार झालर-चीते की बीसियों खालें। ऊपर राजाओं की तस्वीरें। इन सबसे महल पूर्ण है। हाथी दाँत की पच्चीकारी जिसके द्वारा

एक ओर गुलाब की झाड़ी 'बुलबुल सहित' और एक ओर इसी प्रकार का कामदार वृक्ष-पत्तियों सहित। ये वस्तुएँ 19वीं सदी के उत्तरार्द्ध की बनी हैं। इनकी कला देखते ही बनती है। एक जगह चित्रों में शकुन्तला नाटक दिखाया गया है भला है वह भी पर सारनाथ के गौतम चरित्र चित्रों-सा नहीं। इन सबसे दिलचस्प एक सुन्दर घड़ी दिखाई पड़ी जिसे बाबू मूलचन्द ने 1872 में बनवाया था और 1923 में मुन्नीराम ने repair किया। घड़ी द्वारा समय घड़ी-घण्टा में मालूम हो जाता है साथ ही तारीख़ तथा दिन। राशियाँ तथा हिन्दू तिथियाँ भी मामूल हो जाती हैं। ज्योतिष का इसमें अभूतपूर्व प्रदर्शन है। वहाँ से इच्छा विरुद्ध भी हम लोग रामबाग जाते हैं रामलीला देखने के लिए। किन्तु व्यर्थ! लीला आज कुछ दूरी पर होने वाली है। लौटकर हम उसी नाव पर आते हैं। गंगा की उत्तुंग तरंगों के बीच चलती हुई नाव हमें शिवालय घाट के पास प्रसाद क़ी 'गुण्डा' कहानी की याद दिलाती है साथ ही 'ले चल मुझे भुलावा देकर, मेरे नाविक धीरे-धीरे' की गूँज मन में समा जाती है। घाट पर उतर कर हम छह, आद्या, केशव और रामवदन, रामचन्द्र को छोड़कर 'चल-चल रे नौजवान' फ़िल्म देखने नॉविल्टी जाते हैं। अशोक कुमार की एक्टिंग यहाँ भी कमाल है। देसाई का हास्य यहाँ कुछ हास्यास्पद है। नसीम का सौन्दर्य भी ख़ूब है। इंटरवल के पूर्व फ़िल्म की कथा मन्दगति से और बाद में मशीन-सी चलती है। पहला भाग आनन्द से पूर्ण, दूसरा करुणा, उद्विग्नता से आप्लुत है। हाँ, राष्ट्रीयता का touch है। प्रदीप के गाने यहाँ ऐसे नहीं जो popular हों पर एकाध को छोड़कर अच्छे भी नहीं हैं। फ़िल्म कोई अच्छी नहीं है। प्रेम के पीछे सारी कहानी दौड़ती है। राष्ट्रीयता का touch तो केवल नाम सार्थक करने के लिए है। हाँ, वहाँ सिनेमाहॉल में मेरे आगे एक अपटुडेट दम्पति बैठे हैं। मैं एक ओर तो फ़िल्म दूसरी ओर उन चित्रों का प्रभाव उस स्त्री पर देखता हूँ। एक प्लॉट मिलता है इधर इक्कावान भी अपने अन्धे लड़के की माँग के अनुसार पेड़ा ले जाने की बात कहकर—हैज़े में भी उसके बचे रहने की बात सुना जाता है। कुल मिलाकर एक कहानी हो सकती है। चुपचाप लौट आता हूँ। सिंहावलोकन से पता चलता है कि आज का दिन नवीनता का दिन रहा—ख़ासा मधुर रहा। हाँ, इधर मैंने सिनेमा ख़ूब देखा है यह बुरी बात है।

मुझे अपने विषय में शंका हो रही है। कहीं यह आदत न हो जाय। ख़ैर, अब मुझे पढ़ना चाहिए।

अख़बार पढ़कर राजनीतिक ख़बरों पर विचार भी करना है।

7 अक्टूबर, 1945

तीन दिन हो गये घर आये हुए। पढ़ाई यत्र-तत्र हो रही है। मन में शान्ति और तन में उल्लास है। कविता की ओर से इन्द्रियाँ खिंची मालूम पड़ती हैं। कल श्यामनारायण गुप्ता शाम को मिले। यों ही मैंने प्रश्न कर दिया, 'कहिए, जीवन से सन्तोष है?' 'सन्तोष ही समझिए। यों अपने असन्तोषी मन को इस स्कूली जीवन की घोर मेहनत में इतना थका देता हूँ कि वह कुछ सोच ही न सके या सोचने का समय ही न पावे। यह दूसरे क़िस्म की शराब है।'

इसी प्रकार बातें चलती हैं। मुझे उनके जीवन की भावुकतापूर्ण प्राचीन प्रेम गाथाएँ याद आ जाती हैं। उनके विषय में भी वे सतर्क हैं। उनका कहना है कि 'इस स्कूली जीवन ने मुझे क्रियात्मक शक्ति एवं व्यावहारिक बुद्धि दी है। यह भी एक विकास है।' अन्त में भुजना स्कूल पर आधी रात में भोजन बनाने की घटना का उल्लेख करते हैं–आग का बुझ जाना, फिर कैसे एक चिनगारी को जलाना।

अन्त में वे विदा होते हैं। मैं एक कहानी का प्लॉट पा जाता हूँ। आँखों में आ जाते हैं प्रेमचन्द।

कहानी में मुख्य बातें–

(i) श्यामनारायण का बनिया जाति का होना। जयचन्द, देवसरन दो पहलू के बीच में विकास।

(ii) बराबर कुशाग्र बुद्धि छात्र होकर भी ट्रेनिंग में थर्ड क्लास पाना।

(iii) प्रतिभा होते हुए भी प्राइमरी का अध्यापक होना।

(iv) उन्नति के लिए तड़पना...

8 अक्टूबर, 1945

दो दिनों के बाद यशपाल कृत 'गाँधीवाद की शव परीक्षा' नाम की पुस्तक लगभग 8 बजे प्रातः समाप्त किया। यशपाल की तर्कपूर्ण युक्तियाँ मुझे

काफ़ी पसन्द आयीं। फिर भी डॉ. पट्टाभि सीतारामैया की 'गाँधीवाद समाजवाद' तथा गाँधी विचार दोहन में दो पुस्तकें पढ़नी आवश्यक हैं।

मन गाँधीवाद की सड़ाँध से ऊब गया है फिर भी गाँधीवाद उतना निन्दनीय नहीं। आज माँ का दिया हुआ रुपया भी बहुत दिनों बाद वसूल करने में सफल हुआ। लगभग 2 बजे तक निराला जी का 'निरुपमा' समाप्त किया। उपन्यास ख़ासा Funny मालूम हुआ। निराला जी की यह गर्वोक्ति कुछ-न-कुछ सत्य से अनुप्राणित अवश्य मालूम हुई—आलोचक, साहित्यिक जिन महानुभावों ने उठने की क़सम खायी है भाषा और भावों के लच्छेदार वर्णन के सम्बन्ध में, उनके लिए मैं स्वयं उतर आया हूँ। उपन्यास कला का जहाँ तक सम्बन्ध है, इसका ढंग बंगाली है। निराला जी के कवित्व और व्यक्तित्व का इसमें अपूर्व सामंजस्य है। expression तो इतने सुन्दर आये हैं कि कितने जनों की कविता फीकी पड़ जाती है। उपन्यास का अन्त भी ख़ूब हुआ है।

कृष्ण कुमार में कुछ अस्वाभाविकता या अननुभूत तत्त्व का आभास मिलता है जिसे निराला जी की कल्पना रंजित गुण कह सकते हैं। जहाँ निरुपमा का चरित्र गम्भीर सागर-सा हृदय में छा जाता है—कमल उसमें लहर-सी हिलोर पैदा कर देती है। कमल का चातुर्य हृदय पर अन्तिम छाप छोड़ जाता है। देहातियों की पंचायत एवं उनके समाज का अंकन बड़ी ही सफलता से हुआ है।

कुल मिलाकर यही लगता है कि जानबूझकर यह उपन्यास खींच-खींचकर बढ़ाया गया है। निराला जी वस्तुतः उपन्यासकार नहीं किन्तु भाषा एवं भाव की शक्ति 'नीली' तो भावनाओं के झुरमुट में बुलबुल-सी लगती है। हृदय की गुदगुदी-सी से वे यहाँ भी काफ़ी समर्थ हैं।

'नींद जैसे युवती के पढ़े जादू का नशा हो।'

'चिन्ता राशि, फल के छिलके पर खुले रंग जैसे, मुख पर रंगीन हो आयी।'

यही उसके चेहरे पर खिली रंगीनी है और भविष्य के कार्यक्रम पर विचार उसकी चिन्ता।

'कमल सन्ध्या के पश्चिमाकाश की तरह रंग गयी।'

'वह छाँह में आने वाले भरे घड़े की तरह सूर्य के बिम्ब से रहित हो जायेगी।'

'हटाई हुई काई की तरह स्त्रियाँ सिमट आयीं।'

'नीरू की दृष्टि में प्रलय की सम्भावना खुल रही थी।'

'सम्पूर्ण एकाग्रता दोनों आँखों से निकलकर बालक की दोनों आँखों पर आशीर्वाद की तरह न्यस्त हुई।'

'कल्पना की कलियों की कितनी प्यालियाँ भरती-ढुलकती रहीं।'

11 अक्टूबर, 1945

कल कमालपुर गया था। दिन अत्यन्त निकृष्ट था। अध्यापकों का व्यवहार सन्तोषजनक न था। 'प्राकृतिकी' और 'अहंवादी की आत्मकथा' दो पुस्तकें ले आया। अख़बार में पढ़ा कि कम्युनिस्ट कांग्रेस से अलग हो गये। केवल कुछ रह गये हैं केवल इसलिए कि अपने ऊपर लगाये गये समस्त अभियोगों का उत्तर दें। इसके बाद वे भी अलग हो जायेंगे। अख़बारों में यह भी देखा कि वे कांग्रेस के विरुद्ध चुनाव लड़ेंगे और भरसक 'लीग' को सहायता देंगे। ख़ैर, ठीक-ठीक पता तो बनारस चलने पर लगेगा किन्तु कम्युनिस्टों को यही उचित है कि वे किसी भी प्रकार लीग का पक्ष न लें। भले वे स्वयं चुनाव लड़ें या तटस्थ रहें किन्तु कांग्रेस का विरोध किसी अन्य शक्ति के पक्ष में न करें। रही कांग्रेस के निर्णय की बात। यह भी सर्वथा निन्दनीय है। आज की राजनीति यही कहती है कि हज़ार ग़लतियों के बावजूद भी उन्हें कम्युनिस्टों को क्षमा कर देना चाहिए। जो ग़लती कम्युनिस्टों ने की थी, उससे बड़ी-बड़ी ग़लतियाँ भारतीय जनता की दृष्टि में कांग्रेस कर चुकी है, फिर भी भारत की प्रतिनिधि संस्था बनी है। इसका मतलब है कांग्रेस के बुरे दिन आ रहे हैं—भारतीय स्वतन्त्रता की लड़ाई संगठन रहित हो रही है।

कल M. N. Rao का 1935 में लिखित Necessity of An All World Socialist Programme' पैम्फलेट पढ़ गया।

अंग्रेज़ी बड़ी अच्छी है। किन्तु विचारों का जहाँ तक सम्बन्ध है, वे उलझे हुए हैं। सोशलिज़्म का जो रूप उन्होंने रखा है, निस्सन्देह वह आदर्श है, किन्तु उसमें अहिंसा का समन्वय मुझे वैज्ञानिक नहीं लगता। इस मध्यम मार्ग के लिए काफ़ी गहन विचार की आवश्यकता है। यों मध्यस्थता का मार्ग बहुत सरल है किन्तु उसे क्रियात्मक रूप देना अत्यन्त कठिन है।

इन दोनों का समन्वय वही कर सकता है जो मार्क्स के समान अध्ययन कर मार्क्स को समझे और गाँधी के समान चिन्तन कर अहिंसा को समझे, आदर्श और यथार्थ का समन्वय करे। सम्पूर्ण संसार के लिए जो प्रोग्राम इन्होंने दिया है, मेरी समझ में वह केवल हवाई क़िला है। आज 9 बजे प्रातः इलाचन्द्र जोशी द्वारा अनूदित दोस्तोएव्स्की लिखित 'लेटर्स फ्रॉम दि अंडर वर्ल्ड'–'अहंवादी की आत्मकथा'–पढ़ गया। 'सूदखोर की पत्नी' नाम की दूसरी कहानी भी इसमें सम्मिलित थी। निस्सन्देह जैसा गोर्की ने कहा है यह पुस्तक सूक्ष्म मनोवैज्ञानिक विश्लेषण से युक्त है, इसमें चरित्र चित्रण भी सर्वांगीण है और इस कला में केवल शेक्सपियर ही इसकी टक्कर ले सकता है। स्वयं पुस्तक पढ़ते हुए आदमी का मस्तिष्क उतने ही कल्प-विकल्पों में पड़ जाता है। वस्तुतः कथानक कुछ नहीं है किन्तु अन्तर्द्वन्द्व ही अधिक है। हाँ, पुस्तक समाप्त करने पर मस्तिष्क भारी, विचारपूर्ण तथा भिन्नाया-सा लगता है। मनुष्य यहाँ कलाकार को तो बहुत ऊँचे पाता है परन्तु अपने को बहुत नीचे समझने लगता है–क्योंकि कलाकार उसे नीच से नीच और मूर्ख से मूर्ख रूप में छोड़ जाता है। मनुष्य अपने अन्दर की समस्त कमज़ोरियों को बाहर पाता है किन्तु उन्हें दूर करने का उपाय नहीं पाता। समस्त पाश्चात्य कलाकारों में हम यही बात पाते हैं–टॉलस्टॉय भी यही करता है। वे सब अपना विश्लेषण अधिक से अधिक करते हैं। पश्चात्ताप के क्षणों में ये चीज़ें लिखी मालूम होती हैं। इसीलिए वहाँ मानव पतित-से-पतित रूप में मिलता है। यही है–कला-कला के लिए। हमारा भारतीय दृष्टिकोण इससे सर्वथा भिन्न है यहाँ कला जीवन के लिए है। इसका आदर्श है–आनन्द। 'सत्यं शिवं सुन्दरं' पाश्चात्य लेखकों को पढ़कर जहाँ मस्तिष्क अशान्त हो जाता है–प्रश्नों से भर जाता है वहाँ भारतीय लेखकों को पढ़कर मन आनन्दमय शान्ति से भर जाता है–सभी प्रश्न शान्त हो जाते हैं, उत्तर पा जाते हैं। दोस्तोएव्स्की का यह कथन अक्षरशः सत्य है कि–'यह हमारे ही देश में सम्भव है कि कोई व्यक्ति एक गुण्डे का जीवन बिताते हुए भी एक महान और उच्चाशय कलाकार हो सकता है। अन्य किसी देश के कलाकार में आप इस प्रकार व्यवहारकुशलता और धूर्तता का आश्चर्यजनक मिश्रण नहीं पायेंगे।' वह लिखता है कि–'हम रूसियों की यह विशेषता है कि हमारे भीतर छायावादी तथा रहस्यवादी भावनाएँ कितने

ही परिमाण में क्यों न भरी हों, अपने पार्थिव तथा शारीरिक स्वार्थों को हम कभी एक क्षण के लिए भी नहीं भुलाते।' यह बात पूरे यूरोप के लिए लागू हो सकती है। हाँ, नारी को कुत्सित रूप में दिखलाकर भी इसमें महान दिखलाया है। कहानी के लिए यहाँ एक अच्छा प्लॉट मिल रहा है कि एक व्यक्ति इस पुस्तक को पढ़कर क्या-क्या कर बैठता है।

13 अक्टूबर, 1945

मोतीलाल को कल काफ़ी लम्बी चिट्ठी भेज चुका। आज कुछ विशेष नया नहीं। संकठा की बाट जोह रहा हूँ और वह बेवक़ूफ़ ऐसा है कि आ नहीं रहा। आज महावीर जी के धाम के निकट शाम को रामायण सुनने गया। साथ में दो एक जन और हैं। वहाँ रामायण गाने वाले हैं मेरे काका, रामजन्म सिंह, सिब्बूसिंह वग़ैरह तथा कुछ अहीर जन।

रामायण गायी जा रही है चढ़ाव-उतार के साथ। ढोल बज रहा है, हारमोनियम चाचा के हाथों में खेल रहा है। समाँ बँध गया है। बीच-बीच में गाँजा और भुर्रा। धुआँ छा रहा है। ऊपर छाये 'सिहोर' की पत्तियों से उलझता-सुलझता धुआँ गुम्बदनुमा छा रहा है।

और महावीर जी हैं कि उस झुरमुट में छिपे गँजेड़ी भगेड़ी चोर!

बाहर चाँदनी छिटकी है—पास वाले जल भरे धान के खेत में वह लोट रही है।

और मैं सुन रहा हूँ देहातियों की बोली—सूक्ष्म से सूक्ष्म—रामायण की ओट में अपने गाने का खुमार उतारने की भावना—अश्लीलतावश लौट आता हूँ।

15 अक्टूबर, 1945

मध्य में पढ़ाई की रफ़्तार मन्द हो गयी—मस्ती का वज़न बढ़ गया। मैं निश्चिन्त हो गया हूँ। आज शिवमंगल भर मिला। बहुत बातें कीं उसने। सारी क़ाबिलियत उसके मोटे होंठों में फड़क रही है। किन्तु बातें करता है इतनी ऊँची कि मैं दंग। आज से दस बरस पहले यह चोर था—नामी चोर! किन्तु आज स्त्री को लेकर सन्त बनिया-सा जीवन बिता रहा है।

जब पेट भरता था तब तो चोर था। जब पेट कभी-कभी भरता है तब सन्त हो गया है। सचमुच वह बड़ा दिलेर आदमी है।

मैंने उसके भीतर जहाँ स्त्री के विषय में बातचीत करते हुए कोमल-से कोमल भावना पायी वहाँ ईश्वर के विषय में दार्शनिक के रूप में मिला किन्तु उसमें यह संस्कार दृढ़ है कि धनी और ग़रीब अपने-अपने पूर्वजन्म के कर्मों के अनुसार होते हैं। उसने ग्रामीण जीवन की बहुत-सी बातें बतलायीं।

मेरा एक घण्टा समय छीन तो लिया किन्तु एक विचारों की दुनिया दे गया।

17 अक्टूबर, 1945

कल विजयदशमी थी। कमालपुर मेला लगा—सोचा था जाऊँगा किन्तु दोपहर में सो जाने के कारण नहीं जा सका, दूसरे कोई उत्साह भी नहीं था। न तो संकठा ही इलाहाबाद से आये न दिल में कोई उमंग ही थी। देखता हूँ राम और रावण युद्ध आज भी समाप्त नहीं हो पाया, यद्यपि यह विजयदशमी प्रतिवर्ष आती है। आज प्रातः की दो घटनाओं का मुझ पर बहुत ही असर हुआ।

एक तो पहले महमूद नाई ने बाल काटते समय कहा कि—'जिन्ना साहब तो देश को तबाह करना चाहते हैं और हमारे धर्म में दख़ल देना चाहते हैं हम लोग मौ. आज़ाद के साथ हैं।'

मैं दंग रह गया कि एक अपढ़ मुसलमान भी इतना जानता है—कितने पढ़े-लिखे हिन्दू जिस बात को नहीं जानते। ये ठाकुर कहलाने वाले लोग अपने नाई से कितने नीचे हैं। पूछने पर मालूम हुआ कि औरंगाबाद के मुसलमान ने लेक्चर में कहा था। ख़ैर, लेक्चर तो हमारे यहाँ हिन्दू भी सुनते हैं, किन्तु सुनी हुई बात को वहीं छोड़ आते हैं लेकिन यह मुसलमान है कि उस लेक्चर को भी धर्मवाक्य समझता है। दूसरी यह कि 9 बजे के क़रीब गाँव के उमराव लुहार पिताजी के पास आये, मैं बैठा था पास ही। लगे अपनी दुख गाथा गाने। पिताजी उसे सहानुभूतिपूर्वक सुनते रहे। बीच ही में उन्होंने जान लिया कि उमराव को गत रात फाका करना पड़ा था। उन्होंने झट मुझसे कहा, 'उमराव के लिए सिद्धा ले आओ'!

इधर उमराव हैं कि उन पर मेरी माँ का काफ़ी क़र्ज़ लदा है, वे देने का नाम नहीं लेते। पिताजी यह बात जानते हैं और जबकि उमराव गाँव छोड़कर जा रहे हैं बिना एक पैसा दिये तो भी पिताजी उस क़र्ज़ की चर्चा न चलाकर उसे भोजन देते हैं—आज मुझे उनकी महानता का पता चला।

18 अक्टूबर, 1945

आज दोपहर को लगातार तीन दिन पढ़कर 'Dragon seed' by Pearl S. Buck ख़त्म किया। ख़ासा-अच्छा उपन्यास है लेकिन 'A Leaf in The Storm' जैसी बात इसमें नहीं है। एक परिवार का चित्र इसमें है जिसे अन्त तक निभाया गया है इसी के लिए Mayli नाम की मुसलमान की लड़की बीच में लायी गयी है और लिङ्तान के तीसरे लड़के की रुचि लड़ाई से मोड़ कर स्त्री की खोज की ओर की गयी है। यह कथा पैबन्द जैसी लगती है।

स्त्री होने के नाते या पता नहीं क्यों पर्ल बक ने जापानियों द्वारा स्त्री जाति पर अत्याचार वाली बात पर बहुत ज़ोर दिया है किन्तु लिङ्तान के तीसरे लड़के के साथ स्त्रियोचित व्यवहार तो अश्लीलता की पराकाष्ठा है। यही खटकने वाली बात है। उपन्यास के उस भाग में तो दिमाग़ भिन्ना उठता है। एक परिवार का पूरा जीव न होने के कारण इसमें कोई ऐसा पात्र नहीं जो अमर कहा जा सके। लिङ्तान प्रेमचन्द के होरी की याद दिलाता है। ज़ेड का चरित्र भी महान नारी का है पर कैसे वह बन्धन से मुक्ति चाहती है यह उसके चरित्र की कुंजी है। लिङ् साओ भी ख़ूब कर्मठ नारी है।

किन्तु उसका दामाद भी कैसा अनोखा है। आख़िर उसे हम क्या कहें। पंचमांगी? यह पर्ल बक की चालाकी है और वह बुड्ढा चचेरा भाई लिङ् तान का ख़ूब है। अफ़ीमची होकर भी देश का ख़याल रखता है।

कुछ मिलाकर उपन्यास अधूरा-सा लगता है। बीच का उत्साह अन्त में ख़त्म हो जाता है, लगता है जैसे जानबूझकर ख़त्म किया गया है। बिल्कुल सीधा-सादा कथानक, सीधा उपन्यास जैसा प्रेमचन्द लिखते थे।

20 अक्टूबर, 1945

आज सवेरे से ही बूँदाबाँदी शुरू है। इधर जाना है काशी। पिताजी से रुपये केवल 20 मिले। मेरी माँग बढ़ी उन्होंने सात रुपये फिर दिये। इसके साथ उन्होंने कहा कि—'तनख़्वाह जितनी है उतना तो दे ही दिया अब अधिक कहाँ से दूँ।' बात ठीक थी और है। इसका मतलब है मुझे अब रुपयों के विषय में कुछ सोचना होगा। आगामी वर्षों में तो इस विषय में और भी सतर्क होना होगा। काशी चलकर यही करना होगा। ख़र्च तो अब इससे अधिक संकुचित नहीं किया जा सकता। हाँ आमदनी का कोई-न-कोई ज़रिया ढूँढ़ निकालना होगा। अगर 20 और कहीं से मिल जायें तो अगले दो-तीन महीने तक दूध पीने की स्कीम पूरी हो जायेगी। अभी तो घर से माँ से भी भी 10 की उम्मीद कर रहा हूँ। इस प्रकार सारी समस्या सुलझ जायेगी। ट्यूशन करने की बात रह-रह कर दिमाग़ में आ रही है। लेकिन इच्छा नहीं।

28 अक्टूबर, 1945

तारीख़ जानते हुए भी जैसे भूल रहा हूँ—किसी कठोर दुख ने जैसे स्मृति को स्मरण शक्ति को ठोकर मार-मार कर मूर्च्छित कर दिया है। रात के दस बजे हैं। आँखों में आँसू, हृदय में पश्चात्ताप पूर्ण करुणा का सागर, हाथ में अनुभव की ठोस क़लम लेकर मैं आज डायरी लिख रहा हूँ। इससे पूर्व इन उपादानों के साथ डायरी नहीं लिखी।

आज का दिन सुबह से शाम तक नवीनता से पूर्ण रहा।

संगम रेस्तराँ—चित्रा में स्पेशल पास पर चन्द्रगुप्त, इधर हॉस्टल में दी गयी बाबू हीरालाल सिंह की पार्टी में शरीक न होना, सबके लिए चारों ओर से अपमानजनक शब्दों की बौछारें सहना आदि।

इसीलिए ये आँसू! इसीलिए ये दुख! एफ.ए. द्वितीय वर्ष वाले छात्रों की देखा-देखी प्रथम वर्ष के छात्रों की ओर से भी बाबू हीरालाल सिंह को विदाई-पत्र देने की सोची। सब ठीक किया। पत्र छपा। उन्हीं लोगों ने 27 का दिन हमें, 28 का हॉस्टल को और 29 का अपने लिए चुना। बेवक़ूफ़ मैं कि इस कार्य में अनुभवशून्य रहते हुए भी अग्रणी बन गया। पता नहीं मैंने पैसा

वसूल न किया होता, वह विदा पत्र न छपवाया होता तो 11वीं कक्षा वाले उन्हें पार्टी देते भी या नहीं, मुझे शंका थी। पर आज मेरा सारा कार्य ऐसा समझा जा रहा है, गोया मैंने कुछ भी नहीं किया, जो किया वह भी बुरा ही। सबका पैसा पानी में फेंक दिया। किसी बाहरी अध्यापक को नहीं बुलाया।

सब सही है। मैं अनुभवहीन रहा। 27 की शाम तक इम्तहान में बँधा रहा। अनेक दैवी विपत्तियों के बावजूद दावत दी गयी—और वह भी सबसे पहले। यह ज़रा 'ग्रैंड स्केल' पर न थी न इतनी जल्दी हो ही सकती थी। ख़ैर, मैं 'सेकंड ईयर' वालों के साथ रहा किन्तु उन्होंने चालाकी की। रघुवीर को ही मैं 'द्वितीय वर्ष' का प्रतिनिधि समझता रहा। किन्तु आज जब वे लोग मुझे मेरे साथियों सहित अपना 'लार्ज स्केल' वाला प्रोग्राम दिखला रहे हैं—शर्मिन्दा कर रहे हैं नीचा दिखा रहे हैं। तब कमज़ोर हृदय मैं रो रहा हूँ। मन अपनी ग़लती स्वीकार नहीं करता पर अनुभवहीन तो बार-बार अपने को कह रहा है आज से बिना समझे-बूझे ऐसे कार्यों में अग्रणी नहीं बनूँगा।

चन्द्रगुप्त फ़िल्म—चित्रा में देखी गयी मेरे द्वारा पहली फ़िल्म है। काफ़ी ग्रैंड किन्तु शुष्क। आधार डी.एल. राय का नाटक। अपटुडेट एवं भारत की वर्तमान समसामयिक स्थिति में ढालने का प्रयास स्तुत्य। चक्करदार घटनाओं से सुन्दर किन्तु जासूसी उपन्यासों जैसे 'क्लाइमेक्स' का सृजन चाणक्य का पार्ट सर्वश्रेष्ठ, चन्द्रगुप्त का व्यक्तित्व निम्न श्रेणी वाला। कुछ वस्तुएँ प्राचीनता की द्योतक। कथोपकथन सुन्दर। करने का ढंग पारसीक।

31 अक्टूबर, 1945

आज रघुवीर, उदय प्रताप के साथ 'हमराही' देखने निशात गया। वहाँ कॉलेज के ही मौलवी साहब मिले। बातें हुईं। उन्होंने बंगला और गुजराती की ओर मुझे संकेत किया। मुझे अपना बंगला ज्ञान बढ़ाने की प्रेरणा मिली। यह प्रेरणा व्हीलर की शॉप से भी मिली।

ख़ैर, यह कार्य सबसे ऊपर रहेगा।

'हमराही' बंगला के 'उदेर पंथे' का अनुवाद-सा है। हमराही ने मेरी आँखें खोल दीं। मुझे उस लेखक में अपनापन मिला। मुझे लगा कि यह फ़िल्म, लेखकों को प्रेरणा देने के लिए लिखी गयी है। वर्तमान लेखक की

आँखें उसी दिशा की ओर होनी चाहिए। संगीत तो कमाल है। क्या कला, क्या स्वर-लय, क्या भाव और भाषा सर्वरूपेण संगीत नैसर्गिक हो गया है। नृत्य कला भी टैगोर के गान को साकार करने में समर्थ हुई। कथोपकथन संक्षिप्त तथा पूर्ण है। प्रेम रोमांस का 'टच' उतना ही है जितना जीवन में होना चाहिए। मुझे केवल लेखक के कथोपकथन में ही लेक्चर या स्पीच की गन्ध मिली। पता नहीं बंगाली होने के नाते वह इस प्रकार बोलता था– रुक-रुक कर।

टैगोर के दो गानों ने तो सोने में सुहागा का कार्य कर दिया है। अब तक जितनी फ़िल्में मैंने देखी हैं, हमराही मुझे सर्वश्रेष्ठ लगी। क्या हिन्दी के अन्य सिनेमा वाले इस तरह की फ़िल्मों का निर्माण नहीं कर सकते? हृदय जैसे इसे देखकर अपनी ही गन्ध में पागल हो उठता है इससे हृदय पर जादू का असर हुआ।

4 नवम्बर, 1945

आज 'दीपावली' है। मेरे लिए आज कोई नवीनता नहीं। हाँ, वातावरण अशान्त रहा। नहीं चाहते हुए भी, कुछ बोर्डिंग हाउस के लिए काम करना पड़ा। देखा कर्मयोग–वह भी अनासक्ति कर्मयोग काफ़ी मधुर वस्तु है। कॉलेज का वातावरण ज्योतित रहा, किन्तु मैं समझ नहीं सका कि इसका मूल्य क्या है–क्या देश को दीवाली मनानी चाहिए? मैं अपने यहाँ 'वन्देमातरम्' लिखना चाहता था; पर यह स्थान है कि यहाँ इसमें भी राष्ट्रीयता की गन्ध समझकर उसे अपना 'मोटो' बना बेइज़्ज़ती समझता है। यह है हमारा जातीय कॉलेज! सहस्रों दीपकों की प्रभा का मूल्य हमारे प्राणों के प्रकाश से आज अधिक आँका गया पर कौन जाने यह कितना तथ्यपूर्ण है। आतिशबाज़ी देखकर मेरा हृदय जल उठा। यह है हमारा कॉलेज जहाँ कुछ भी करना सम्भव नहीं। मैं अपने जीवन की गतिविधि के विषय में बहुत सतर्क हूँ। देखें क्या होता है–राजनीति कुछ भयावह अवश्य है पर है मधुर मेरी कविता–मेरी राजनीतिक कविता।

8 नवम्बर, 1945

आज रघुवीर, विजयकुमार तथा मेरे बीच कविता, प्रगतिवादी कविता को लेकर ख़ासा विवाद खड़ा हो गया। प्रश्न उठा कवियों के रूप या लेने पर

चला गया कविता की परिभाषा पर। तय यह हुआ कि–कविता को यथार्थ साधन मानना ठीक नहीं, वह साध्य है क्योंकि वह जीवन है और जीवन साध्य होता है।

समाज को बदलने का कार्य उसमें समानता लाना आदि तो राजनीति भी करती है किन्तु कविता कुछ और है, अध्यात्म कुछ और है। वहाँ प्रत्येक व्यक्ति व्यक्तिगत रूप से–सामूहिक या समान रूप से नहीं–अपना हृदय, अपना व्यक्तित्व खोजता है। अतः कविता को राजनीतिक या धार्मिक उपदेश का साधन नहीं बनाया जा सकता।

कार्ल मार्क्स समाजवाद तथा साम्यवाद का प्रवर्तक और बाह्य जीवन में बिल्कुल Matter of fact था पर उसका प्रिय कवि शेक्सपियर था, वह इन्सान को नहीं पढ़ता था। वास्तव में सर्वत्र मुनष्य वही खोजता है जो उसमें नहीं है–शुष्क व्यक्ति भावुकता खोजता है। अतः कविता उस अभाव का केन्द्र है। इसे दूसरे शब्दों में यों कह सकते हैं कि मानव हृदय के सभी भावों को–व्यक्तिगत, सामूहिक वर्तमान और भूत–कविता अपने में प्रतिबिम्बित करती है। इस प्रकार वर्तमान कविता को भौतिक नहीं बनाना चाहिए कविता स्वभाव है।

10 नवम्बर, 1945

कल अनायास ही 'क्वींस कॉलेज' में होने वाले अखिल भारतीय संगीत सम्मेलन में चला गया। चाहे जो हो किन्तु मैं तो इसे अपना भाग्य ही समझूँगा कि इतने महान कलाकारों का एक स्थान पर एक साथ दर्शन कर सका। रातभर उस स्थान पर जागता रहा। जब लौटा तो 5 बज रहे थे। सो तो नहीं सका किन्तु जागकर इतना बड़ा मूल्य मैं पा गया जिसकी तुलना में जीवन के कितने वर्ष ही आते हैं। मैं कल से पहले भारतीय संगीत के प्रति अपार श्रद्धा रखते हुए भी उसे अधिक देर तक सुनने की क्षमता नहीं रखता था। किन्तु कल मुझे पता चला कि वह मेरी 'नासमझी' की दुर्बलता ही नहीं थी अपितु मेरे मन की उदासीनता भी थी। सच तो यह है कि कभी मैंने उसे सुनने की–समझने की कोशिश ही नहीं की।

कल मुझे यह भी पता चल गया कि कला के सच्चे पारखी न होते हुए भी भारतीय पक्के संगीत के सामने कच्चे अर्थात् सिनेमा से प्रभावित गाने हम लोगों को कितने छिछले लगे।

भारतीय 'Classical' संगीत का वह Grandeur अनजाने में भी खींच लेता है जो इन कच्चे गानों में नाममात्र का भी नहीं होता।

कल जितने गाने हुए उनमें नारायण राव व्यास जी का सर्वोत्तम रहा। अब तक ऐसी संगीत कला मुझे नहीं सुनने को मिली थी। यों आगरा के प्रोफ़ेसर साहब भी अभी प्रयास-पथ पर हैं। पंजाबी लड़की का प्रदर्शन भी ख़ूब कलापूर्ण रहा। मिसेज़ कारवाल की ठुमरी तो हम कम समझने वालों के लिए प्रारम्भ थी। इन सबके ऊपर 'अनोखेलाल' का तबला भी कल ग़ज़ब ढा रहा था।

संगीत के अतिरिक्त 'नृत्यकला' के भी उत्कृष्ट उदाहरण देखने को मिले। यों तो कविता देवी, तथा सविता प्रभा ('हमराही' में नृत्य दिखाने वाली) आदि कइयों का नृत्य हुआ किन्तु कुमारी मंजुलिका भादुड़ी का सर्वश्रेष्ठ रहा। परसों उनके 'जल देवी' नृत्य की काफ़ी प्रशंसा सुन चुका था किन्तु कल उन्होंने 'रानी दुर्गावती' और 'ताज की आत्मा' नाम के दो नृत्य दिखाये थे। 'ताज की आत्मा' नाम का नृत्यकमल था। मुझे तो उम्मीद है कि मंजुलिका भादुड़ी नृत्यकला के क्षेत्र में एक युग परिवर्तन लायेंगी। उनका 'सन् 42' से सम्बन्धित 'वन्दिनी भारती' का नृत्य भी बहुत प्रसिद्ध है। यह कला कल देखने से पता चला, बंगालियों के ही हाथ चली गयी है। उनका ऑर्केस्ट्रा भी ख़ूब था।

इस प्रकार मुझे मालूम हुआ कि 'कलाओं की साधना' में पारंगत होने के लिए अपने जीवन को कलामय कर देना होगा। 'राजनीति' आदि में भाग लेने के लिए कला-पुजारी को शायद समय नहीं मिल सकता है। हाँ, वह राजनीतिक सिद्धान्तों, चित्रों तथा घटनाओं का अपनी कला से सामंजस्य करा सकते हैं। तब 'जीवन-कला' होगी।

11 नवम्बर, 1945

इलाहाबाद जाने का निश्चय तो था ही, आज 'अपर इंडिया' से वहाँ जाने को ज्यों ही उद्यत होता हूँ कि संकठा आ जाते हैं। मैं पेसोपेश में पड़ जाता हूँ।

किन्तु शम्भूनाथ जी से वचनबद्ध होने के कारण जाना ही पड़ता है। संकठा इस बार काफ़ी दुबला-पतला दीख रहा है। मुझसे क़रीब चार महीने के बाद मिला भी तो है। ख़ैर, वह शहर में चला जाता है। और मैं शम्भूनाथ जी के साथ इलाहाबाद।

ट्रेन में मुझे यह अनुभव हुआ कि शम्भूनाथ जी इतनी ठसाठस भीड़ के बावजूद भी अपने व्यक्तित्व एवं चालाकी से जगह निकाल ही लेते हैं और वह भी आसानी से। मुझमें यह बात अभी नहीं आ पायी है। इसी से मुझे पता चलता है कि निरक्षर जनता के बीच वे किस प्रकार काम कर सकते हैं। ख़ैर, किसी तरह हम लोग क़रीब 6 बजे शाम प्रयाग उतर कर K.P.U.C. पहुँचते हैं। रास्ते में शम्भूनाथ जी बार-बार पूछते हैं कि महेन्द्र को छोड़कर और कहाँ चलना चाहिए हम लोगों को? और इसी तरह हम लोग पहुँच जाते है K.P.U.C मथुराराय के रूम में।

विजयदेव नारायण साही, महेन्द्र के साथ मिलते हैं। विजयी आदमी ख़ूब है। कठोर एवं कर्मठ क्रियाशीलता जहाँ उसके माथे की शिकन में मिलती है, व्यवहार उसकी सरलता एवं विनोदप्रियता की बातचीत में। हाँ आदमी मिलनसार है पर उतना ही जितना उचित है। दूसरे शब्दों में, वह मितव्ययी मिलनसार है। हाँ, 'हरफ़नमौला' भी कहा जा सकता है। फिर भी काव्यकला का जहाँ तक सम्बन्ध है, विजयी मुझे उतना महान नहीं लगा जितने उसके अन्य अंग। काव्य भूमि उसे अभी मिली नहीं है।

इसके बाद हम लोग 'प्रदर्शनी' देखने चलते हैं। प्रकाशमालाओं को धारण करने वाला प्रदर्शन-प्राचीर देखने में बहुत ही 'ग्रैंड' लगा। किन्तु उसके अन्दर जाते ही मेरी सारी विचारधारा बदल गयी। यह प्रदर्शनी गाँधी, जवाहर, खादी तथा जनता के नाम की ओट में कुछ और ही गुल खिलाती है। यहाँ तो 'रूप की प्रदर्शनी' है। इसका पुष्टिकरण अकस्मात प्रदर्शनी बीच मिले उदय प्रताप भाई ने कर दिया। एक चक्कर यूँ ही लगाकर हम लोग प्र. ले. संघ के कवि-सम्मेलन की ओर मुड़े किन्तु वहाँ का प्रबन्ध हमारे उत्साह के दूध में खटाई बन गया।

लौटे हम चारों बिना कविता सुनाये। दूसरा दिन 'आज़ाद-हिन्द फ़ौज' का था। 'जय हिन्द' के उद्‌घोष को सुनकर भी जैसे मैं कान में तेल डाले रहा।

धर्मवीर भारती, गोपेश के साथ शम्भूनाथ जी तथा विजयी की बहसें सुनता रहा। दिन बीता-शाम हुई। महादेवी जी के बँगले पर गया। वहाँ सुभद्रा जी के साथ बैठकर फ़ोटो खिंचवाया गया। श्रीकृष्ण दास मिले। परिचय बढ़ा। रेस्तराँ में जलपान-चाय। सरोजिनी से मिलने का निमन्त्रण। धर्मवीर के यहाँ कविता पाठ। बाद में ग्रैंड होटल में कवि-सम्मेलन। मुहम्मद अली पार्क लौटना।

अन्तिम नवम्बर, 1945

कल सवेरे अकेले कैंट गया। टाँडा की तैयारी थी। यह पहला कवि-सम्मेलन रहा जिसमें मैं शम्भूनाथ जी के बिना गया। जाते समय कोई नयी बात नहीं। वहाँ पहुँचने पर तो फिर आनन्द का समुद्र उमड़ पड़ा। टाँडा मैं परसाल गया था। जगह तो इतनी सुन्दर है कि शान्तिनिकेतन की कल्पना मैं सहज ही कर लेता हूँ। और वहाँ के छात्र तथा अध्यापक इतने मिलनसार तथा सरल हैं कि मन जैसे उनमें घुल-मिल जाता है। अपने व्यवहार से वे जैसे मन को बाँध लेते हैं।

शाम को सरयू की रेती पार कर उसकी प्रमुख धारओं में से एक के पास हम लोग गये। श्री सीताराम चतुर्वेदी बेधड़क, श्रीकृष्ण टण्डन, रामरूप पाण्डेय तथा 'अश्रु' साथ थे। शेष में बद्री प्रसाद जी तथा कुछ शिष्य गरम। इधर चतुर्वेदी जी के साथ ही 'अश्रु' भी आदमी ख़ूब हैं। मुझे एक वाक्य में 'दरबारी' लगता है। बात-बात पर लतीफ़े, कविताओं का फौव्वारा—यह सब कहता भी है बड़े ही सुन्दर ढंग से। लगभग 1 घण्टे बाद हम लोग लौटे। 8 बजे कवि-सम्मेलन शुरू हुआ। वहाँ की श्रोता मण्डली कुछ ऐसी है कि कोई भी कवि वहाँ दूनी छाती से कविता पढ़ेगा। कवि-सम्मेलन में 'दाद' वहीं देखी। पर यह 'हास्य' नहीं स्नेह है। अन्त में लगभग 1 बजे भोजन कर हम लोग सो गये। अन्य तो चले गये। प्रातःकाल रह गये केवल अश्रु, रामरूप जी और मैं। लगभग 8 बजे से गोष्ठी शुरू हुई। ख़ूब कविताएँ पढ़ी गयीं और जमने का तो फिर सवाल ही नहीं उठता। अन्त में वहाँ से विदा लेकर हम लोग अकबर पहुँचे। वहाँ भी एक कवि-सम्मेलन हो गया। मुझे कवि लोगों ने ख़ूब पसन्द किया।

अन्त में हम लोग शिवशंकर सिंह जी तथा श्री जितेन्द्र नाथ सिंह उर्फ़ मि. सिंह के साथ प्रथम सज्जन के लॉज पर गये। 'देहरा' का लेट होना ही इन सबका कारण रहा। अन्त में अश्रु, रामरूप जी तो शाहगंज अलग हो गये। साथ में रह गये नवपरिचित पथिक सरल सिंह तथा रघुनाथ प्रसाद। दोनों दिलदार दिलफ़रेब। पहला तो संगीत विशारद तथा हरफ़नमौला दूसरा केवल शराबी लगा। यह देहरादून में 'प्रकाश' सिनेमागृह का मैनेजर है। पर बातें भी ग़ज़ब की करता है। किन्तु यह सरल सिंह सिक्ख तो प्रेम की प्रतिमूर्ति है। इसके ही द्वारा तो यह पहाड़-सी यात्रा राई बनी। अन्त में मैं सकुशल बोर्डिंग हाउस लौटा। यहाँ सुना कि civics में मुझे 23 अर्थात द्वितीय और लोकनाथ को 26 अर्थात प्रथम नम्बर मिला। इसका कारण मेरी समझ में उसका हिन्दी में और मेरा अंग्रेज़ी में लिखना है।

अब मुझे यह तय करना है कि कवि-सम्मेलनों में जाना बन्द करके घूमना छोड़कर अब मन शान्त करके कुछ कोर्स की तथा कुछ बाहरी पढ़ाई कर लूँ। सचमुच मेरे लिए यह शर्म की बात है। इस तरह मैं सुन्दर-सी कविताएँ तथा कहानियाँ भी लिख सकूँगा। इसी प्रोग्राम पर मैं कुछ क्रियात्मक कार्य करने में समर्थ हूँगा।

कितनों के ताने सुनकर छाती जैसे छिद गयी। पर बोला कुछ नहीं। क्या मैं केवल परीक्षा के लिए हूँ। मेरे सामने आज यही समस्या प्रबल है—दूसरी ओर राजनीतिक काव्य।

6 दिसम्बर, 1945

जीवन की नवीनतम और महानतम घटनाएँ ही जो या तो हृदय को लग जाती हैं या मन में घर कर देती हैं मुझे डायरी का घूँघट खोलने को बाध्य करती हैं। आज नागरिक शास्त्र के भूतपूर्व अध्यापक बाबू हीरालाल सिंह जी का पत्र मिला। उनकी सरलता, उदारता एवं सौजन्य मेरे लिए जैसे पूर्ण आशीष बनकर आ गया हो। उन्होंने सम्पूर्ण 11वें क्लास की शिक्षा देते हुए अन्त में मेरे लिए अलग से उपदेश दिया है।

उन्होंने मुझे काव्य की ओर पहले की ही तरह प्रेरित किया है। सबसे बड़ी बात उन्होंने मुझे Civics के लिए निर्देशन स्वरूप दी है।

उनकी सलाह के अनुसार मैंने तय किया है कि Civics लिखूँगा। अंग्रेज़ी में ही। हाँ, तैयारी उसके लिए करूँगा। उस बार यथेष्ट क्या कुछ भी तैयारी नहीं थी फिर वह तो पहला प्रयोग भी था। मुझे सफलता में विश्वास है। हाँ, अब अगले बृहस्पति से छमाही परीक्षा शुरू होगी। तिमाही तो गोया मैंने मज़ाक़ में दिया था। इस बार का मज़ाक़ मुझ पर इस तरह आ पड़ेगा कि आँसू आ जायेंगे। ठोस पढ़ाई की आवश्यकता है, रही नम्बर की बात, मैं उसकी परवाह अधिक नहीं करता हूँ किन्तु इसके बावजूद रूम के वातावरण से लड़कर भी पढ़ना चाहता हूँ। बाहरी पुस्तकों की यही सूची है कि कम-से-कम 20 अच्छी-अच्छी इंग्लिश की पुस्तकें तथा 30 हिन्दी की अवश्य पढ़ूँगा—अप्रैल तक। अख़बार पढ़ने का क्रम रखूँगा।

1. कहानी का प्लॉट—देवेश और उसके नौकर का झगड़ा।
   पारस तथा शिवमोहन का वैमनस्य।
   कहानी—(i) तुलादान
   (ii) चिट्ठी खोलकर पढ़ने वाला
   कविता—वरुणापुल
2. 'सीताराम' की रटवाला अन्धा भिखमंगा
3. साँझ
4. कलागीत
5. सान्ध्य-तम में अकेला दीप
6. अन्तरिक्ष के चित्र पर पेड़..., मेरा सन्ध्या हाल में बैठना।
   मेरे गीतों को मेरे ही स्वर में गाने का असफल प्रयास करने वाली गायिका से!
   शिष्य गुरु प्रेम-देशप्रेम। दो मियाँ बैठे हैं एक की शंका...पुण्यकार्य...

16 फ़रवरी, 1946

डायरी लिखे, लगता है महीनों हो गये—यह नहीं कि इतने समय में लिखने लायक कोई नयी बात हुई ही नहीं। बल्कि लिखने के लिए समय ही नहीं मिला। आज तो जब विश्व की सुन्दर एवं कलात्मक वस्तुओं को देखकर आ रहा हूँ तो लिखे बिना रहा नहीं जाता।

'सारस्वत कलश-कविता प्रतियोगिता' के सिलसिले में आगरा गया। मोहन सिंह की चिट्ठी आयी थी। रातभर ट्रेन में रहने के बाद सुबह दस बजे बलवन्त राजपूत कॉलेज पहुँचा। मोहन सिंह रूम में ही मिल गये। दिनभर सोया रहा। मिलने वालों की भरमार थी। शाम को तीन-चार कविताएँ सुनाने के बाद 'रतन' पिक्चर देखने गया। बूँदाबाँदी हो रही थी। मोहन सिंह ने अपने व्यक्तित्व की बँधी पुस्तक खोल दी। मैंने पढ़ा। उनमें जितेन्द्र की ही तरह एक क्षत्रियत्व की भावना प्रबल रूप में है जो राष्ट्रीयता से भी ऊपर है। उनके विचार में भारत में एक बार फिर क्षत्रियों का Revival होगा। इसी कारण वे कांग्रेस से विरोध करते हैं। फिर भी वे 'रामवादी' नहीं हैं। मैं उनकी बातों से पूर्ण सहमत नहीं। फिर भी उनके व्यक्तित्व पर आकृष्ट हूँ।

'रतन' के गाने लाजवाब हैं। पूरी पिक्चर तो फिर खिलवाड़ है पर स्वर्णलता अपनी एक्टिंग तथा गाने में कमाल है फिर भी पिक्चर गानों की वजह से द्वितीय श्रेणी की है। न जाने क्यों पिक्चर में तबीयत जमी नहीं।

दूसरे दिन इन्द्रसेन के रूम में मुझे टी पार्टी दी गयी। यू.पी. कॉलेज के लड़कों ने मेरा ख़ूब स्वागत किया, जैसे किसी भारतीय का स्वागत इंग्लैंड में अन्य भारतीय करते होंगे। या करना चाहिए।

इसके बाद मैं 'दयाल बाग' देखने गया। बँगलों की सजावट तरतीबवार बड़ी जँची। सफ़ाई देख दिल में कली-सी खिल गयी। दर्शनीय वस्तु 'राधास्वामी' का नूतन मन्दिर बनने पर शायद वह काफ़ी Grand होगा। थका-थका लौटा। साथ में हीरासिंह, सूर्यबली और नरेन्द्र कुमार थे।

थोड़ा-सा आराम कर नरेन्द्र कुमार तथा मोहन सिंह के साथ क़िला और ताज देखने चला। क़िला देखा। देखकर आँखें खुल गयीं। मुग़ल शान सामने आ गयी। दुनिया का नक़्शा हट गया। मेरा अन्तर कलात्मक हो उठा।

मोहन सिंह ने एक-एक कर सभी स्थानों का दिग्दर्शन कराया और उनकी ऐतिहासिकी बतायी। मोती मस्जिद में 'आयी याद तुम्हारी' कविता पढ़ी। मैं इसकी कला पर क्या लिखूँ। हाँ, क़िले से ताज और यमुना को देखकर मैं आत्मविभोर हो उठा।

ताज, सूर्यास्त होते-होते पहुँचा। बादल छँट गये थे। चाँद निकला पूर्णिमा का। मैं ताज को देखकर जैसे स्वयं को भी भूल बैठा Grandeur, Simplicity,

Symmetry ये तीन बातें प्रमुख मिलीं। उसके आस-पास प्रेमिका-प्रेमियों का झुण्ड देखा। ताज प्रेम का वास्तुरूप है। 'स्वप्न के दीप' कविता गाकर एक दीप वहाँ जला आया स्वर का। काश! वहाँ की जमुना, काशी की गंगा-सी होती।

बलवन्त राजपूत लौट कर यूनियन द्वारा आयोजित कवि-सम्मेलन में गया। अन्तिम हुल्लड़बाज़ी बेसिर-पैर की थी। कॉलेज, पढ़ाई-लिखाई छोड़कर निम्न स्तर पर ही लौट आना।

25 फ़रवरी, 1946

आज सबसे आश्चर्यजनक और सुखकर बात तो यह हुई कि मैं दारानगर स्वराज्य प्रकाश की माँ के चरणों का स्पर्श करने गया। सौभाग्य कि उसी समय इलाहाबाद से श्रीकृष्णदास भी आ गये। श्रीकृष्णदास आदमी मिलनसार हैं। मुझे वे अत्यन्त चलता पुर्जा और व्यावहारिक व्यक्ति लगे। यों वे भावुकता से रिक्त नहीं हैं।

स्वराज्य की माँ तो जैसे साक्षात् माँ की तरह मुझ पर अपने स्नेह की वर्षा करती हैं। मुझे आज भी आठ-दस वर्ष पहले का जीवन याद आने लगा। मैं एक बच्चे-सा उनके स्नेह की छाया तले बैठा रहा-बैठा रहा। उनके सामने अगले रविवार को मुंशी जी से मिलने का वचन दिया—स्वयं उत्सुक भी हूँ।

माँ जी से बातें हुईं। मैं अत्यन्त प्रभावित हुआ। मुझे इस साहसिक नारी को देखकर अब विश्वास हो गया है कि भारत में अब भी झाँसी की रानी, रानी दुर्गावती की कमी नहीं। इन्होंने चिमूर काण्ड के बागियों के प्राणदान की मनौती अपने 'रक्तदान' की मानी।

मैंने उन पर—मुंशी जी पर कुछ लिखने की प्रेरणा पायी।

आह! उनकी आँखों में आँसू! अपनी विवशता पर! दामाद को खाली हाथ विदा करने पर। नैहर के भाइयों से निराश होने पर। फिर भी उनके हृदय में उत्साह है। एक धधकता ज्वालामुखी है। वे मुझसे अनेक आशाएँ रखती हैं। मैं ऐसी माँ पाकर धन्य हूँ।

27 फ़रवरी, 1946

जीवन की एक बहुत बड़ी घटना इधर दो महीने से ऊपर हुए चल रही थी। मैंने उसका उल्लेख इसलिए नहीं किया कि अब तक उसमें क्लाइमेक्स ही क्लाइमेक्स था यानी कहीं क्लाइमेक्स नहीं था। आज एक पत्र आया। मुझे जीवन की धरती मिल गयी। 9वीं कक्षा में एक बार ऐसा ही पागलपन सवार हुआ था—नुक़सान के बावजूद उसने एक बहुत बड़ा अनुभव दिया। जिसने मुझे 'प्यार' का अर्थ समझा दिया—हमजोलियों की मित्रता का रूप दिया—दुनिया में रहने लायक बनाया। भावुकता की नींव पर सचेतनता दी। आज दो महीने के बाद मुझे नारी का मूल्य, बहन, स्त्री, प्रेयसी का अर्थ तथा प्यार के पथ पर क़दम बढ़ाकर उसे जीवन-पथ का एक सबल क़दम समझना आदि मालूम हुआ। आज मैं 'हार' का महत्त्व नहीं मानता मैं जीत की ओर उन्मुख हूँ। देखें, इस प्रयोग में—क्या होता है। रास्ता दुर्गम तो ज़रूर है।

—बात यह कि 'शशि' का पत्र आया है शेखर को।

लोग व्यर्थ कहते हैं कि कामना पूरी नहीं होती। कामना की ही तड़पन में मनुष्य इतना लिप्त है कि कुछ पाना शेष नहीं रहता। कामना के बाद जो कुछ मिलता है वह तो केवल परछाईं होती है।

कभी-कभी बन्धन में ही मुक्त रहती है लोग क्यों चिल्लपों मचाते हैं? क्योंकि बन्धन और मुक्ति का ठीक अर्थ नहीं समझते। वे मुक्ति को ही बन्धन और बन्धन को तो मुक्ति मानते ही हैं।

पढ़ने योग्य पुस्तकें :

1. The Idiot—Dostoevsky
2. The Possessed—Dostoevsky
3. Prison Life in Siberia—Dostoevsky
4. Crime and Punishment—Dostoevsky

अन्तिम मार्च, 1946

Crime and Punishment पढ़ा। मनोवैज्ञानिक उलझनों की अधिकता ने जैसे पागल बना दिया मुझे। दोस्तोएव्स्की तो अन्तर्जगत का पारंगत मालूम पड़ता है।

हिन्दी में इलाचन्द्र जोशी ने कुछ उसका अनुकरण करना चाहा है किन्तु लगता है जैसे उन्होंने मनोविज्ञान के सिद्धान्त ग्रन्थ का उदाहरण दिया है। सँभलकर ये चीज़ें अपनायी जा सकती हैं।

आज रघुवीर से Civics का नोट लेने के विषय में मेरे ममत्व ने बड़ी ग़लती की। एक लड़का रघुवीर से कॉपी माँग चुका था–इधर मैंने इसलिए नहीं माँगा था कि रघुवीर के नोट पर मेरा भी पूर्ण अधिकार है। माँगने की क्या, वे मुझे ही देंगे। किन्तु इसमें किसको दोष दूँ–जब उन्होंने मुझे देने से इनकार-सा कर दिया और अपनी उस आत्मा को क्या कहूँ–जब उसने उस मामूली वस्तु के लिए हठ किया और दूसरे लड़के की कुछ निन्दा-सी की। लेकिन उसे क्या कहूँ जो छिपकर अपनी निन्दा (?) सुनता रहा। मैं चाहता हूँ कि अब उससे माफ़ी माँग लूँ। अपनी भावुकता छोड़ दूँ यों ही व्यर्थ की आशा न किया करूँ। इसमें दोष किसका?

1. सुना हुआ गीत मधुर होता है किन्तु अनसुना गीत उससे भी मधुर होता है। सबसे मधुर होती है बीते हुए गीत की गूँज, जो दर्द के आनन्द-सी हृदय में चुभती रहती है।
2. देखा हुआ सौन्दर्य सुन्दर होता है किन्तु उससे भी सुन्दर होता है अनदेखा सौन्दर्य। और सबसे सुन्दर होता है देखे हुए सौन्दर्य की स्मृतिगत छाया।
3. लिखी गयी कविता महान होती है किन्तु उससे भी महान होती है जो अनलिखी हृदय में ही गूँजती है और सबसे महान होती है लिखी गयी कविता की एक आकस्मिक याद जो किसी बाह्य प्रकृति चित्र को देखकर बिजली-सी प्राणों में कौंध जाती है।

ओ अप्राप्य! अभावों की रानी! तुम सबसे सुन्दर, मधुर महान हो!

भरा हुआ आकाश सुन्दर लगता है लेकिन शून्य उससे कुछ ग्रैंड है क्यों आकाश में जो कुछ है उससे अधिक शून्य में नहीं है।

ख़ुशी के गीत प्यारे होते हैं लेकिन अभाव–कामना के गीत उससे भी प्यारे होते हैं क्योंकि एक केवल लहर-सी होती है दूसरा दर्द की गहराई से निकला आनन्द-सा होता है। ख़ुशी में हम सब कुछ करना भूल जाते हैं किन्तु अभाव में सब कुछ कह देते हैं।

चाँदनी मादक होती है क्योंकि उसमें चाँद होता है किन्तु अँधेरी तारों भरी रात उससे अधिक सुन्दर होती है क्योंकि उसमें चाँद की याद तारों के रूप में गुच्छ-गुच्छ खिलती है। सत्य-संसार सुन्दर है लेकिन उससे सुन्दर होता है स्वप्न और स्वप्न, से सुन्दर है बीते स्वप्न की याद। मेरे गीत तो किसी महान स्वप्न महान रूप, महान स्वर, महान काव्य की याद हैं।

मेरे गीत तो मेरी कामना—मेरे अभाव की बानगी हैं—सुन्दर दोनों हैं। लिखने के लिए—

कविताएँ :

टांडा का घाघरा तट, रात में पतझड़ का पीपल, वैजयन्ती का फूल। डिस्ट्रिक्ट जेल के पास वरुणा-तट का फूलों लदा पेड़, एक लम्बी कविता।

निबन्ध : What is Important?

तूफ़ान—सिगरेट, किस विषय पर लेख लिखूँ।

21 अप्रैल, 1946

आज डिस्ट्रिक्ट जेल में कामता प्रसाद जी विद्यार्थी से मिलने गया। बातें हुईं। ठाकुर राजनारायण सिंह को भी देखा। बिल्कुल ऋषि जैसे थे। टैगोर का चेहरा भी वैसा ही था। मुंशी जी तो आचार्य नरेन्द्र देव से लगे।

वे जून से एक 'स्टडी सर्किल' हेतमपुर में कायम करना चाहते हैं मुझसे सहयोग चाहते हैं।

5 मई, 1946

झक...झक...फक...फक तूफ़ान। वर्दवान को पार कर ट्रेन कलकत्ता बढ़ रही है। कोयले की खानें रानीगंज की ओर छूट चुकीं। बंगाल की हरी-भरी ज़मीन आँखों में भर-सी उठी है। कलकत्ता का पूर्वी छोर। पानों के बगीचे—चमकते तालाब—श्वेत रक्त कमलों से ढँके 'पुकुर'। यह है शरत और रवि बाबू का बंगाल। फूस के नन्हे गाँव! रेल के अगल-बगल जंगली घासें, पौधे। हरियाली उमड़ रही है। लीलुआ गया अब हवड़ा आया। वह है हवड़ा का झूलता हुआ लौह पुल। स्टेशन की भीड़ तो एक बड़े मेले की याद दिला रही है। ट्रेनें, बसें, मनुष्यों द्वारा खींचे जाने वाले रिक्शे।

इक्के और साइकिलरिक्शे नदारद। मटमैली भागीरथी। बचते-बचाते हम लोग शिवतल्ला में कमलेश जी के घर पहुँचते हैं। साथ हैं शम्भूनाथ जी, कुँअर बहादुर और महेश।

भोजनोपरान्त आराम करके आदर्श सम्पादक 'प्रदीप' जी के घर जाते हैं। 'प्रदीप' जी सोकर उठे हैं। परिचय होता है दिल खोलकर मिलते हैं। शम्भूनाथ जी के साथ परिचय करते समय कोई उत्साह नहीं दिखलाते हैं। उन्हें उनकी महानता का ज्ञान नहीं है अभी।

6 मई, 1946

5 ही की शाम को एक गोष्ठी कमलेश जी के मकान पर हुई। श्याम मारायण पाण्डेय भी आते हैं। अन्त में हम शम्भूनाथ जी और मैं—पाण्डेय जी के साथ भवानीपुर चल पड़ते हैं। ट्राम पर चढ़ना बड़ा रोमांटिक लगता है। भवानीपुर देहात जैसा है। पाण्डेय जी अपने ग्रामीण अध्यापकों के साथ भवानीपुर में टिके हैं। भोजन में भात देखकर कै सी होने लगती है। स्थान सुन्दर है।

वहाँ शर्मा जी, एक योग्य और अंग्रेज़ी विशेषज्ञ व्यक्ति मिलते हैं। पुस्तकें भी वहाँ ख़ूब मिलती हैं। अमेरिकन पब्लिकेशन की तीन जिल्दों में 'अंग्रेज़ी साहित्य का इतिहास' मुझे अधिक महान लगा। मूल्य 15 रुपये, पर दूसरों के लिए तीस रुपये। मैं वहाँ Politics की भी पुस्तकें पाता हूँ पर पढ़ता नहीं, देखता भर हूँ।

हिन्दी की पुस्तकों में विश्वनाथ प्रसाद मिश्र की 'वाङ्मय विमर्श' और 'उद्धव शतक' रत्नाकर कृत मिलती हैं। पढ़ता हूँ कुछ अंश। बाद में पढ़ने की इच्छा होती है। अवसर नहीं मिलता है। 'उद्धव शतक' निस्सन्देह सुन्दर काव्य पुस्तक है।

7 मई, 1946

'विश्वबन्धु कार्यालय', विश्वमित्र कार्यालय में जाते हैं। विश्वबन्धु में नया साथी उपेन्द्र मिलता है। उसे देखकर विजय कुमार की याद आती है। परिचय को हृदय उमड़ पड़ता है। पर हम मुस्कुराकर ही दूर रह जाते हैं।

डॉ. रामाशीष सिंह से भी परिचय होता है। विश्वमित्र में सतीश, कृष्णचन्द्र, देवदत्त और पन्नालाल 'वियोगी' मिलते हैं। इनमें वियोगी कवि हैं अच्छे। लेकिन शेष तो यशलोलुप भोंदू हैं। कृष्णचन्द्र पूँजीपति हैं। शाम को देशबन्धु पार्क में जयप्रकाश नारायण का व्याख्यान सुनने जाते हैं। बंगालियों की अपार भीड़। 'वन्देमातरम्' की मधुर गीत वन्दना से कार्यवाही प्रारम्भ होती है। जयप्रकाश बाबू का स्वागत हिन्दी में न कर बंगला में ही होता है। मुझे बंगालियों के भाषा सम्बन्धी अभिमान से कुछ ठेस लगती है। जयप्रकाश बाबू का व्याख्यान कमाल–विद्वत्तापूर्ण होता है। उनमें पण्डित जी जैसी नाटकीयता तो नहीं पर विद्वत्ता कूट-कूट कर मिलती है। सत्यता और सफ़ाई, कर्मपक्ष पर ज़ोर ख़ूब मिलता है। व्याख्यान भावात्मक से अधिक विचारात्मक है। मैंने वैसा व्याख्यान इससे पहले किसी बड़े नेता से नहीं सुना था। सभी तो करतल ध्वनि के लोलुप होकर public emotion जाग्रत करना चाहते हैं। जयप्रकाश की तरह ठोस बात नहीं कहते।

इसके बाद माहेश्वरी भवन का कवि-सम्मेलन। मुट्ठीभर श्रोता मण्डली वह भी मूर्ख, नमक के बोरों की तरह ऊँघकर लुढ़कने वाली। लखनऊ के एक भाँड या कथावाचक कवि द्विजचन्द्र जी सारा रसाभास कर देते हैं। हम लोग लौट आते हैं।

8 मई, 1946

फिर से 'रतन' फ़िल्म देखते हैं। इस बार वह मुझे जँची। मनोवैज्ञानिक टच तो इस फ़िल्म में कूट-कूटकर भरा है। शम्भूनाथ जी को इसने अधिक अपील किया। बात यह है कि उसमें उनके आज के जीवन का एक अंश है। सब कुछ होते हुए भी समस्या तो पुरानी ही है। वे भावावेश में 'रतन' को 'हमराही' से सुन्दर कहते हैं। मैं सहमत नहीं। आज कलकत्ता में जैसे आषाढ़ का आगमन मालूम पड़ता है। हम लोग बारिश में भीगते हैं ख़ूब। 'रतन' का वातावरण छाया है, आकाश के बादलों में।

9 मई, 1946

आदर्श कार्यालय। उपेन्द्र से घनिष्ठता की ओर। भवानीपुर छोड़कर भगवतीप्रसाद राय 'अनजान' के घर प्रस्थान। शाम को काली घाट और

'काली मन्दिर' देखते हुए 'झील' की ओर भ्रमण। प्रकृति की शान्त गोदी। टहलने वालों का मेला। हमारा हृदय अकेला। फ़ौजी अमेरिकनों और यूरोपियनों का जोड़ा क्रीड़ा में निमग्न। लगभग 9 बजे के बाद हम लोग लौटते हैं। बंगालियों—मांसाहारी बंगालियों की 'काली माँ' पर असीम भक्ति देखकर दंग रह जाना पड़ता है।

10 मई, 1946

भवानीपुर में तो जाने की इच्छा नहीं करती। श्यामनारायण पाण्डेय अपनी प्रशंसा स्वयं तो करते ही हैं दूसरों से भी करवाते हैं। तबीयत ऊब जाती है, वह आदमी तो मुझे बड़ा नीच मालूम होता है। मेरी समझ में तो वह 'कवि' ही नहीं है। लेकिन उनके साथ चिड़ियाघर देखने जाना ही पड़ता है। वहाँ नये-नये विचित्र-विचित्र जन्तु मिलते हैं। 8 बजे शाम तक हम लोग लौटते हैं। इसके बाद 'मेघदूत' देखने जाते हैं। फ़िल्म के गाने अच्छे हैं अन्यथा वह चौपट है।

11 मई, 1946

राय साहब बहुत भले आदमी हैं। पूरे व्यावसायिक किन्तु सिद्धान्तों वाले संयमित और नियमित। कवि भी हैं। गायक तो नहीं किन्तु सितार बजाने में कुशल। उनके यहाँ घर का-सा सुख। परम मिलनसार। प्रातःकाल गंगा स्नान। तेल की मालिश। यहाँ 'मालिश' भी एक नयी और विचित्र वस्तु है। ऐसी किसी अन्य शहर में न होती होगी।

भोजनोपरान्त वेल्लूर मठ की यात्रा। मठ शान्ति का आगम है। नौका से भागीरथी पार कर हम लोग 'काली बाड़ी' जाते हैं। स्थान रम्य और तपोभूमि-सा है। हाँ, साधुओं ने उसे अब 'ठाकुरबाड़ी' जैसी बनाना शुरू कर दिया है। उधर हमारे ज़िले के मल्लाह मिलते हैं। भागीरथी बनारस की गंगा-सी लगती है।

वहाँ से 'शाम बाज़ार' होते हुए लौटते हैं। देखते हैं बंगला फ़िल्म 'सात नम्बर बाड़ी'। काफ़ी समझ में आती है। कला और व्यवसाय का संघर्ष प्रतीकवत दिखाया गया है। गाने कमाल हैं जैसे साहित्यिक गीत हों।

12 मई, 1946

राय साहब के साथ Botanical garden स्टीमर से। चार बजे लौटकर भवानीपुर। व्यर्थ की परेशानी फिर बंगीय परिषद् की कवि गोष्ठी। सारा दिन समाप्त।

गार्डेन की उपयोगिता बॉटनी के छात्रों के लिए। टहलने वालों के लिए भी। अमेरिकन महिला का वस्त्र बदलना कपड़े की आड़ में...। भारतीय दर्शकों का हँसना ताली पीटना। लोगों की पिकनिक। वह पुराना बरगद का बृहद् पेड़। सब कुछ स्वप्न।

13 मई, 1946

उपेन्द्र के साथ 'शत वर्ष आगे' बंगला थियेटर देखना। बंगला स्टेज का महान रूप। 1857 का वह लोमहर्षक चित्र। पात्रों की सजीवता। बंगाली समाज के उच्च साहित्यिक स्तर पर है आश्चर्य। उपेन्द्र के साथ कविता पाठ।

14 मई, 1946

माहेश्वरी भवन का कवि-सम्मेलन। क्षत्रिय सभा की गोष्ठी। पुरी को प्रयाण। ट्रेन की भीड़। टिकट का न मिलना। वापस लौटना। ठाकुर हज़ारी सिंह, हरिनन्दन सिंह के घर रहना। बारिश में परेशानी।

15 मई, 1946 : पुरी

हिन्दुस्तानी प्रचार सभा। फिर माधव भवन में टिकट लेकर शाम को पुरी एक्सप्रेस से पुरी की ओर।

16 मई, 1946

दोनों ओर खड़गपुर तक छलकते हुए 'पुकुर' जंगली प्रान्त। हरियाली वर्दवान साइड से इधर अधिक। बिछी हुई चाँदनी। कटक की आधी रात आँखों में और प्रातः भुवनेश्वर के ओस पर ताड़ों, खजूरों, नारियलों के वन में।

लता-गुल्मों से ढँके टीले से पहाड़। पहाड़ों के पार मैदान। स्टेशन के बाद गोयनका धर्मशाला। मैनेजर से बातचीत। कृष्णचन्द्र के परिचय से जाना। मैनेजर का सौजन्य। जगह न रहने पर भी अपने पास जगह देना। तुरन्त समुद्र की ओर आधा मील पहले ही समुद्र गर्जन। दो काले-कलूटे मछुओं का पकड़कर स्नान कराना। मज़ा किरकिरा। मन्दिर दर्शन। जगन्नाथ जी की रावण जैसी बेढंगी मूर्ति। पण्डों का दुर्व्यवहार। अश्रद्धा। मन्दिर जैसे पहाड़ी पर बसा है। उस पर 84 आसनों में युग्म नारी-पुरुष घृणा। मन्दिर के आर्यत्व और हिन्दुत्व पर अविश्वास। इतिहास की ओर। होटल में भोजन। शयन। शाम 4 बजे। पुनः समुद्र की ओर तीन मील का टहलना। लहरों के साथ क्रीड़ा। साहबों के बँगले की पाँति। उनका बीवियों के साथ क्रीड़ा करते नहाना। मन का तरसना। विवशता। सूर्य डूबने, चाँद उगने तक लौटना। होटल में भोजन। फिर शीघ्र ही तट। विशुद्ध स्वर्णिम चाँदनी में अपलक रात के तीन-चार घण्टे तट पर बैठे-बैठे बिताना। लोगों का मेला। कविता पाठ। लौटना। आँखों में 'शशि' की याद।

शशि का स्वप्न। एक मधुर अभाव। काश! उसका साथ होता।

17 मई, 1946

समुद्र की लहरों पर उछलकूद कर स्नान। दो घण्टे बिता देना। दस बजे तक लौटना। मन्दिर दर्शन। दोपहर को प्रसाद वितरण दर्शन। बाज़ार का-सा दृश्य देखकर घृणा। शाम को तीन बजे समुद्र। तीर पर 1॥ घण्टे। मल्लाहों की विचित्र नावें। विचित्र टोपी। नाव खोलने से पहले पूजा। विचित्र-सा जाल। मानव कर्षित रिक्शे से स्टेशन। पुरी एक्सप्रेस। हावड़ा की ओर। खड़गपुर के पास ट्रेन का लड़ते-लड़ते बचना। सुबह 9 बजे कलकत्ता। राय साहब का वही मकान।

18 मई, 1946

हिन्दुस्तानी प्रचार सभा ऑफ़िस। आदर्श कार्यालय। कवि गोष्ठी। राय साहब का घर। थक कर सोना।

19 मई, 1946

तूफ़ान को शम्भूनाथ जी की ग़लती से छोड़ना। पंजाब मेल से रवानगी। तक़लीफ। ट्रेन में झगड़ा। कुँवर, शम्भूनाथ जी का उग्र रूप। उस बुड्ढे की आर्त पुकार। मेरे हृदय का काँपना। पर बेबसी। उन निर्दयों पर क्रोध।

20 मई, 1946

दिलदार नगर। बेवकूफ़ों के साथ 4 घण्टे। पैसेंजर से सकलडीहा घर की ओर तूफ़ान की गति से।

17 दिनों का अनुभव–

कलकत्ता–बेवकूफ़ों और रुपये वालों का शहर है। यहाँ रुपया सस्ता है अपेक्षाकृत बनारस आदि अन्य प्रान्तीय शहरों के। ट्यूशनों की भरमार। पढ़ना-पढ़ाना दोनों सम्भव। यहाँ के अख़बारों में हिन्दी के अख़बार अयोग्य सम्पादकों के हाथ में पकड़कर हिन्दी को बदनाम कर रहे हैं! पता नहीं बंगाली इन अख़बारों के प्रति अपनी क्या राय रखते होंगे। टाइप भद्दी, प्रूफ़ रीडिंग में असावधानी, भाषा भ्रामक और अशुद्ध अहंमन्यता, सभापति बनने का लोभ आदि उनकी बेवकूफ़ी ही है और क्या?

जलवायु की दृष्टि से हावड़ा बुरा हो सकता है, बंगाल के गाँव स्वास्थ्य के लिए हानिकर हो सकते हैं किन्तु ख़ास कलकत्ता तो स्वास्थ्यप्रद है। छोटे-छोटे सैकड़ों पार्क–पार्कों में तालाब–तालाबों में नित्य सायं बंगाली युवकों की जलक्रीड़ा और हज़ारों दर्शकों का मेला सब कुछ स्वास्थ्यप्रद ही नहीं हृदय को विकसित करने वाला भी है।

रात में–वह भी चाँदनी रात में 'मैदान' में टहलना, झील के किनारे एकान्त पहरों को बिताना कुछ कम रोमांटिक नहीं है। कवि-सम्मेलनों में न जाने का तय किया। मिले साथियों में राय साहब अत्यन्त मिलनसार, संयमी, व्रती और कर्मठ आदमी हैं किन्तु उनके कवित्व पर मुझे दया आती है। व्यवसाय में उनकी सफलता उनकी व्यावसायिक बुद्धि की द्योतक है। फिर भी वे बड़े दी साखर्च आदमी हैं। उदार व्यवसायी हैं।

उपेन्द्र कवि हैं, भावुक हैं, शम्भूनाथ जी उस पर लट्टू तो नहीं होते पर झुक अवश्य जाते हैं, कहते तो हैं कि उनकी कविताओं में आकर्षण है किन्तु

कौन जाने दोनों में से कौन आकर्षक है। मुझे उपेन्द्र की कविता में 'वर्ण प्रवाह' मिलता है बस। सभी कविताओं में भावों का दुहराना। सम्भवतः आज की सभी तथाकथित प्रगतिशील कविताओं में होता है। मैं स्वयं राष्ट्रीय कविताएँ लिखना चाहता हूँ किन्तु मुझे भाव बाहुल्य की कमी खटकती है सिवा expression के। अभी मुक्तकों में सबल राष्ट्रीय भावना भरना मुझे कुछ कठिन-सा लग रहा है।

शम्भूनाथ जी से समय-समय पर काफ़ी बहस हुई। बहस में अपने भावों को सप्रमाण प्रयुक्त करने में वे लाचार मालूम होते हैं। अध्ययन गहनता की ओर नहीं व्यापकता की ओर भी नहीं केवल स्वतः निर्मित विचारों पर चलता है।

विवाद का विषय—1. वर्तमान हिन्दी कविता में गीतिकाव्य का स्वरूप। 2. वर्तमान हिन्दी कविता में काव्य भाषा का स्वरूप कैसा हो? 3. हिन्दू धर्म 'कुछ नहीं' है।

23 मई, 1946

खड़ान गया। ठाकुर बलिराम सिंह से मिलने। वे जेल से छूटकर अभी आये हैं। इसी सिलसिले में दोपहर को सोते समय राजनारायण सिंह आ जाते हैं ये भी कांग्रेसी और तर्कशील हैं। हिन्दू धर्म, समाजवाद, कम्युनिज़्म, गाँधीवाद को लेकर बहुत विवाद उठता है। राजनारायण सिंह का व्यर्थ तर्क और विद्वत् प्रदर्शन मैं चुपचाप सुन-देख रहा हूँ। तोरवा से आये एक पण्डित भी इसमें भाग लेते हैं। अपनी अयोग्यता के बावजूद भी वे समझदार मालूम होते हैं। अनुभवी भी। वे तर्क की अपेक्षा कुछ निश्चित तथ्य चाहते हैं ठीक राजनारायण सिंह के विरुद्ध। ठाकुर बलिराम सिंह क्या कहना चाहते हैं यह स्पष्ट ही नहीं कर पाते हैं। पर उनके विचार परिष्कृत हैं यद्यपि 'बाबा वाक्यं प्रमाणम्' वाले हैं। ये लोग अधकचरी राजनीति में और भी अधकचरे हैं और व्यर्थ बहस करते हैं।

अब गोपी सिंह, रामासिंह मिलते हैं। गोपी भी अन्धविश्वासी और भ्रमित मालूम होते हैं, रामा मुझे अच्छे लगे। उनकी स्वाभाविक मुस्कान सरलता की अजस्र वर्षा करती है।

ये ही हैं हमारे महाइच परगना के कांग्रेसी कार्यकर्ता न कुछ नया सीखने वाले, न सुनने वाले, न कुछ करने वाले; बस अपनी सुनाने वाले। एक लल्लन सिंह हैं। उनसे तो बातें नहीं हुईं। पर जैसा सुना है C.S.P में विश्वास करते हैं पर वह भी बिना समझे-बूझे। सभी जातियों का जूठा खाने-पीने में उनका विश्वास है। छूने तक में तो गनीमत है पर जूठा खाना कौन तुक है। देखें लल्लन में समझ और कर्मठता कितनी है।

अन्तिम मई

आज चिर प्रतीक्षा के बाद भी रा की चिट्ठी नहीं आयी। मन में आकुलता की सौरभ जैसे भर उठी।

सूनी घड़ियों में मिलन की कल्पना पुष्पहार जैसी गुँथ गयी और ऐसी ही मधुर वेला में अकर्मण्य-सा मैं खड़ान की ओर गमन करता हूँ। गिरिजा सिंह के द्वार पूजा और राममावतार के तिलक समारोह में सम्मिलित होने के लिए। भदोइवासी सुशिक्षित तीन बन्धुओं का साथ वेश्या नृत्य देखने को प्रोत्साहित करता है। जाता हूँ। कवीन्द्र, उनके पिता और अनुज मिलते हैं। जीवन में सतर्क होकर प्रथम बार महफ़िल में वेश्या का नाच देखता हूँ। निस्सन्देह रूपवती है वह किन्तु वासना की स्पष्ट रेखाओं का उभार मुख पर, अंगों में मसले गये उद्दाम यौवन की अँगड़ाई, आँखों में नक़ली कटाक्ष, होंठों में मिथ्या सलज्ज मुस्कान। दिखला रही हो अपने को गन्ध विसुध चम्पकलिका-सी। हाव-भाव अदाओं में वह दिखावटी और मोहिनी, जो केवल ऊपर ही ऊपर हो, भीतर से स्वयं उसका हृदय अछूता होगा।

सभी मूर्खों के झूमने पर हँस रहा हो, खिल्ली उड़ा रहा हो। इसीलिए वह तन्मयता नहीं आ पाती। मन्द उभरते हुए धन गर्जन सी उसकी गति—सब कुछ प्रदर्शन। मेरी विरक्ति की अनुरक्ति साधना। लौट पड़ता हूँ एक घण्टे बाद। समय जैसे नाले में बह गया। मुझे वैवाहिक महफ़िल मुग़लकालीन देन-सी लगती है। यह हमारी संस्कृति नहीं। इसे निर्मूल कर विशुद्ध आर्य रीति से विवाह करना चाहिए। यह रीति धार्मिक कम दरबारी अधिक है।

'नौशा' शब्द महफ़िल के दरबारी समान विवाह पद्धति की मध्यकालीनता पर ज़ोर देते हैं। इत्रदान, पिचकारी, सूखाफल, नाच-गान, पंखा और लहँगानुमा ड्रेस जामाजोरा यह सब क्या है? इस मुसलमानी प्रभाव से हमारी धार्मिक भावना बुरी तरह आतंकित है।

हरिनन्दन पण्डित का गाना भी सुनता हूँ। 'दयानन्द जी के भारत जगाय दिया हो' की हास्यमिश्रित याद। बेसुरा स्वर। न जाने क्यों मुझे प्रिय न लगा। हारमोनियम अच्छा बजा लेते हैं। गला ठीक नहीं। नयी राष्ट्रीय चीज़ें इन्हें कहाँ से मिलती हैं?

स्वर की मोटाई इनकी संगीत साधना में अधिक बाधक है। ये राष्ट्रीय गीतों का प्रचार मात्र कर सकते हैं।

विक्रम उपाध्याय के साथ बंगला बातचीत को प्रोत्साहन मिला। वे मेरे सहायक हो सकते हैं। बंगला बोलने में मेरी केवल एक झिझक मात्र है।

2 जून, 1946

सवेरा हुआ। मैं हेतमपुर प्राची की ओर चला जैसे अन्धकार के खुले द्वार की ओर प्रकाश के दर्शन करने। बात यह कि हेतमपुर में श्री कामता प्रसाद विद्यार्थी आज पाँच वर्ष बाद आये हैं। पैर छूता हूँ। उनका पितृव्य हाथ मुझ पर वरदान, आशीष की तरह न्यस्त होता है। तुरन्त घर से छोटे की माँ भी बुलाती हैं और पहले की ही तरह मुझ पर अपने स्नेह की वर्षा करती हैं। मैं बच्चे-सा उनके चरणों में बैठ जाता हूँ।

अन्त में हेतमपुर कोर्ट में, जहाँ धानापुर के सभी राजबन्दी एकत्र होने वाले हैं। विद्यार्थी जी के साथ चलता हूँ। वे मुझे कल स्टेशन के स्वागत की रिपोर्ट तैयार कर 'संसार आज' में भेजने का कार्य सौंपते हैं। मैं खुशी-खुशी वह कार्य करता हूँ। मैं चौड़ी आँखों से जेल से छूटे क़ैदियों का उल्लास देखता हूँ। साथ ही दुबके हुए संकुचित दृष्टि वाले भले-भले देहाती सज्जनों का आश्चर्य—हास्यास्पद आश्चर्य भी। विधिवत झण्डोत्तोलन और झण्डाभिवादन होता है। पहले पं. रामसूरत मिश्र रुक-रुक कर बोलते हैं और बाद में विद्यार्थी जी जोशीले स्वर—कुछ तो बेसिर-पैर की और कुछ जनता की समझ से परे

की बातें कह जाते हैं। इसके बाद वे धानापुर काण्ड के 9 शहीदों के घर श्रद्धांजलि अर्पित करने सदल-बल चलते हैं। कितने लोग जाने में आनाकानी भी करते हैं। इस पर वे झल्लाते भी हैं। वे सभी राजबन्दियों का कोर्ट पर फ़ोटो भी लेना चाहते हैं। मुझे ऐतिहासिक दृष्टि से यह बात बहुत भाती है।

आज मुझे पता चलता है कि जेल लोगों को, मूर्खों को भी कितना प्रगतिशील, राजनीतिक और क्रान्तिकारी बना देता है। साधारण जनता जिस जागृति को बरसों में हासिल करती है उससे अधिक वह जेल जाकर एक वर्ष में पा सकती है। कितने चोर भी 42 के धानापुर काण्ड में पकड़े जाने पर क्रान्तिकारी हो गये।

दोपहर को मैं विद्यार्थी जी के घर आता हूँ। खा-पीकर छोटे की माँ के पास ही चारपाई डालकर सोता हूँ। वे अपनी सभी गाथाएँ बतलाती हैं। मुझे उनकी जीवनी लिखने की प्रेरणा मिलती है। मुझे तो ऐसा लगता है कि विद्यार्थी जी की पत्नी उनसे कहीं अधिक समझदार और बहादुर हैं। रघुनाथ सिंह के ऊपर कही कुल 3 कहानियाँ कहती हैं।

11 जून, 1946

'शशि' का पत्र आया प्यारा-प्यारा। उत्तर भी लिख दिया। कल निराहार एकादशी व्रत रहा। आज भोजन ग्रहण किया। कल बहुत देर तक छोटे की माँ विद्यार्थी जी का जीवन चरित्र बतलाती रहीं।

जन्मकाल चैत्र 1953 विक्रमीय। विद्यार्थी जीवन से ही कांग्रेस की ओर रुचि—एक बार जेल यात्रा भी उसी समय। थोड़े दिन कलकत्ता भागकर सन् 1921 के लगभग प्रेस में नौकरी करना। फिर पूना और सितारा जाना। लक्ष्मीधर वाजपेयी के यहाँ प्रवास। वनलक्ष्मी से परिचय। इलाहाबाद पहुँचाने की घटना।

बक्सर सेंट्रल जेल में जेलर होना—1924 से एक सात वर्ष के ब्राह्मण क़ैदी द्वारा इनकी सेवा—उसे ही अचानक किसी अफ़सर द्वारा बेंत की सज़ा सुनाये जाने की ख़बर पर इस्तीफ़ा। उसी साल बहुत दबाव पड़ने पर शादी। छोटे भाई हनुमान (I.A.) की मृत्यु शादी से छह महीने पूर्व। बनारस के कोर्ट इंस्पेक्टर की लड़की से शादी के बाद चिन्तित रहना। पत्नी के सो जाने

पर पास ही कुर्सी पर बैठकर घण्टों सोचते रहना। अन्त में एक दिन वधू द्वारा झिड़की पाने पर चिन्ता छोड़ना। बहादुर बनना। शादी से प्रसन्न होना।

1928 में सरोजिनी की उत्पत्ति (चैत्र मास, 1930) में रामनौमी (चैत्र), स्वराज्य प्रकाश 1934 में, चैत्र पूर्णिमा–सत्यप्रकाश। शादी के बाद घर से रूठकर हेतमपुर आना। यहीं रहने लगना।

हर एक आन्दोलन में जेल जाना। सात बार जेल के समय हर बार अधूरा काम छोड़ जाना। घरवालों का इनकी पत्नी को सताना। एक बार मृत बच्चे का पैदा होना। एक बार अँधेरी रात में मृतप्राय होना।

सन् 42–27 जुलाई, अगस्त की सभा, क्रमशः सम्पूर्णानन्द और कमलापति के मकान पर। रण की तैयारी। 9 अगस्त को ख़बर। कार्य शुरू। धीमा, सकलडीहा, चन्दाली।

15 की रात को स्वप्न जहाज़ों का गिरना आदि। पत्नी का समझाना। सुबह जलपान किये बिना ही सदा के लिए घर छोड़ देना। धानापुर में साहसिक कार्य। गोली से बचना। घायलों के साथ सकलडीहा। मौलवी तौदीद आलम सहित पत्नी का सकलडीहा पहुँचना। रात 1 बजे बातचीत। तुरन्त लौटना। सबेरे पालकी द्वारा बच्चों सहित बक्सर। भागलपुर में विश्राम। जिगिना घाट। बक्सर गोला घाट। कड़े पहरे से भी बचना। चार दिन बाद फिर घर। कोटा नारायणपुर में गोलीकाण्ड–भागते हुए एक आदमी को बचाना। नाव द्वारा। चौसा के पास स्टीमर से आते हुए साथी से भेंट पर उसकी बेवक़ूफ़ी फिर गौसपुर में भंयकर रात। 4 बजे शाम श्मशान पर भोजन। करुण दृश्य। फिर रात का श्मशान। नाव के पास ही मुर्दों का फेंका जाना। जमनियाँ पहुँचकर इक्के से जाने को विचार। पत्नी से बिना पैसा के अलग। पत्नी का रामदेव पण्डित सहित महुजी जाना। औंती विश्वनाथ के घर। विद्यार्थी जी का घूमते-घूमते रात को वहीं आना।

औंती की जनता से निराश होकर अकेले नाव द्वारा बक्सर की ओर। दो दिन पत्नी का भी रामदेव के साथ उसी ओर नाव से गमन। मार्ग की कठिनाइयाँ। वहाँ से बब्बन जी वकील के घर खिसकाना। अब फ़रार होना।

18 जून, 1946

विद्यार्थी जी के जीवन के शेष अंश मालूम होने पर नोट करूँगा। रघुनाथ के विषय में मालूम करना है। अन्य शहीदों की जीवनी भी मालूम हो जाती तो जैसा हरहंगी भी चाहते हैं विद्यार्थी जी की आज्ञानुसार धानापुर काण्ड के विषय में एक पुस्तिका लिख दी जाती। पैसे भी ख़ूब मिलते। इसके लिए काफ़ी परिश्रम भी करना पड़ेगा। अब तो हरहंगी से मिलने पर ही।

हरनारायण अगरहरी का जेल जीवन भी बड़ा रोमांटिक रहा। उसे भी सुनना है। शिवमंगल अहीर, विश्वनाथ गोंड के विषय में भी मालूम हो जाता तो अच्छा था। यह पुस्तक कुछ इस प्रकार की होती–

1. पृष्ठभूमि–अगस्त क्रान्ति के कारण काम करने वाली शक्तियाँ–सफलता कहाँ तक–असफलता के कारण–महत्त्वाकांक्षी समाजवादी दल–रूपरेखा–संगठन, जनता या विघटन–नेताओं की कमी आदि।
2. धानापुर–घटना। एकत्र व्यक्ति। धरपकड़–मुकदमा–पैरवी करने वाले व्यक्ति–फ़ैसला–मुक्ति।
3. जनता पर अत्याचार की घटनाएँ–जनता का उत्साह। ...
4. प्रमुख व्यक्तियों की जीवनी :
   (अ) शहीद (ब) फाँसी (स) आजीवन (द) अन्य।
5. संस्मरण कुछ प्रमुख व्यक्तियों के, ख़ासकर फ़रारों के।

मैं बहुत-सी घटनाओं में कुछ जोड़कर उन्हें जीवन्त बनाना चाहता हूँ। इस प्रकार वे कहानी का रूप धारण कर लेंगी तो अच्छा रहेगा।

इधर मेरी कहानियों की सरस्वती रुक-सी गयी है। पता नहीं क्यों? बिल्की की 'One World' पढ़ी। बड़ी रोचक और सत्य प्रतीत हुई। केवल American touch की असत्यता को छोड़कर।

19 जून, 1946

आज प्रातः भाई स्वराज्य प्रकाश की आकस्मिक मृत्यु का पता चला। हृदय को ज़बर्दस्त धक्का लगा। वह कल 4॥ बजे शाम चन्दौली में ही इस दुनिया

को छोड़कर चला गया। उसके पिता साथ थे। उसे सन्निपात हो गया था। मेरी बहुत-सी आशाएँ उसके साथ चली गयीं।

आह! काल ने उसके परिवार पर वज्रपात कर दिया। मैं तो जैसे स्तब्ध हूँ। न तो कुछ लिखा जाता न कहा। इधर वह मेरे इतने निकट आ गया था कि उसका जबर्दस्त अभाव खटक रहा है। जैसे शशि मेरी धर्मबहिन उसी तरह स्वराज्य धर्मभाई और उसकी माँ धर्ममाता।

24 जून, 1946

आज संकठा इलाहाबाद गये। मैं वहाँ जाने की इच्छा करता हुआ भी नहीं जा सकता। रामावतार के उलझनों से बिंधकर वैजनाथ से मिलने खड़ान गया। वहाँ से चला गया लोदी सिंह के घर आयी दोनों बारातों की ओर। खिचड़ी देखने भी उत्सुकतावश चला गया। इधर रामावतार को खिचड़ी पर घड़ी मिली थी अतः मन की दुर्बलता ने अपनी ससुराल को अयोग्य कहकर बहुत कोसा किन्तु वहाँ भी वर को बहुत संक्षिप्त ही मिलते देखकर कुछ दार्शनिकों की तरह सोचने लगा। ख़ैर, वहाँ से वेश्या नाच देखने चला गया। वह गर्भवती थी। इससे पहले तो उससे अरुचि हुई लेकिन उससे गीत अत्यन्त भाव भरे सुनकर कुछ रुक गया और बाद में सुना कि वह ग़ाज़ीपुर की सबसे मशहूर वेश्या अनवरी है। हाँ तो रात के चार घण्टे वहीं बिता दिये। उर्दू के ग़ज़ल, कव्वाली, शेर, पूर्वी और सिनेमा के गानों में डूबा रहा। उर्दू के कई गानों ने तो मुझे रस में डुबो दिया और उससे कुछ कम ही अनवरी की अदाओं ने। तारों जटित पूनम-सी अनवरी—स्वच्छ धवल मुस्कान—उन्मुक्त हास—बीच-बीच में बोली।

समझा था कि समय बह जायेगा, रेत-सा रहूँगा मैं शेष लेकिन मैं ही बह गया। तन्मयता के वे क्षण इधर ग्रीष्म के सूखे-सूखे दिन में बहार की याद से थे।

सचमुच उर्दू के गानों की चुलबुलाहट तथा ग़ज़लों की वह गहराई कम ही स्थलों पर मिली—भावों में हिन्दी की कविताओं की टक्कर के।

केशव भी मिले। फेल होने वालों के नाम मालूम हुए। उदय प्रताप के

लिए विशेष दुख है। जी करता है इस साल मॉनीटरी छोड़ दूँ। मोहन सिंह को सारगर्भित चिट्ठी लिखी।

29 जून, 1946

जयचन्द भाई की डायरी से उर्दू के चार शे'र–

1. तुम मेरे पास होते हो गोया
   जब कोई दूसरा नहीं होता–**मोमिन**
2. शाम से कुछ बुझा सा रहता है
   दिल गोया है चिराग़ मुफ़लिस का–
3. महफ़िले यार से उठने को उठे तो लेकिन
   दर्द की तरह उठे गिर पड़े आँसू की तरह
4. अब तो घबरा के ये कहते हैं कि मर जायेंगे
   मर के चैन न मिलने पे कहाँ जायेंगे।–**ज़ौक़**

10 अगस्त, 1946

कॉलेज में आये एक महीना हो गया जीवन बँधे तालाब का पानी जैसा रहा। आज बहिन शशि की 'राखी' आयी। मैं भाई के कर्तव्य के प्रति सचेत हो गया, दृढ़ हो गया। जीवन में यह रक्षाबन्धन बिल्कुल नवीन और महान है। बहिन अब कुछ मुझे न लिखेगी। अच्छा है।

मुझे जनरल सेक्रेटरी के लिए लोग खड़ा कर रहे हैं। मैं नहीं चाहता पर अब बैठने भी तो लोग नहीं देते। मैं विवश हूँ।

कुछ घूमने की इच्छा हो रही है।

अपनी कविता पुस्तक के प्रकाशन के विषय में शम्भूनाथ जी की बातों से सहारा मिला था लेकिन अब तो उस विचार को छोड़ना पड़ रहा है।

गत दिनों पर विचार करता हूँ, तो लगता है सेक्स की ओर अधिक झुका हूँ। पत्नी से सन्तोष है आकर्षण बढ़ रहा है।

इस भावना को कैसा मानूँ? स्वस्थ! काश मैं पढ़ पाता।

कमरे में बहुत शोर होता है। मालूम होता है। Ist class नहीं मिलेगा।

4 सितम्बर, 1946

कॉलेज यूनियन सम्बन्धी संघर्ष का अन्त हुआ मेरी लखनऊ यात्रा के प्रारम्भ के दिन से। यूनियन में मैं पदग्रहण नहीं चाहता था। वही किया। परिणाम भला हुआ। सभी पदाधिकारी हमारे (स्टूडेंट्स कांग्रेस) द्वारा उठाये गये ही हुए। यह थी हमारी विजय। हाँ, इस मामले में कई लोगों से मेरे बीच कटुता फैल गयी।

ख़ैर, 31 अगस्त की शाम। शम्भूनाथ जी और मैं स्टेशन की ओर। भीड़ की वजह से पार्सल छोड़ दिया। सुबह लाहौर एक्सप्रेस से।

वर्षा में भीगती हरियाली के बीच हमारी ट्रेन भी आगे बढ़ती है। दोपहर को लखनऊ। क्षत्रिय महासभा का ऑफ़िस। शाम को यूनिवर्सिटी घूमते हुए महमूदाबाद हॉस्टल। मोहन सिंह और शान्ति प्रसाद चन्दोला। चन्दोला के घर कविता पाठ। रात मोहन सिंह के रूम में। सुबह रेजीडेंसी जाते-जाते नहीं जा सका। एम. ए. प्रीवियस का Economics class. डी. पी. मुखर्जी की अध्यापन कला। टैगोर लाइब्रेरी। 'कला-गैलरी' सुन्दर प्रबन्ध। सजावट और नवीनता। यूनिवर्सिटी और सहशिक्षा। आवारागिरी।

शाम को कैसरबाग, हज़रतगंज हुसेन गंज—रेडियो भवन के अन्दर। सुरेश के घर कविता पाठ, दंगे की सनसनीदार मूकता में 10 बजे रात तक लौटना। 3 तारीख़ दिन का पूर्वार्द्ध व्यर्थ पढ़ने में खो गया। उत्तरार्द्ध रेजीडेंसी—गोमती में नौकाविहार। प्रताप एसोसिएशन। स्टेशन। बनारस।

चन्दोला—अच्छा-सा मज़ेदार लड़का। उम्र से अधिक चालाक, अनुभवी अध्ययन वाला, जैसा बाहर है वैसा ही भीतर नहीं। बिल्कुल भिन्न। व्यवहारकुशल, सामाजिक। बाहर से बिल्कुल लखनवी।

कविता पर गिरिजा कुमार माथुर की छाप। कविताओं पर अन्धकार की छाया। 'भूत, प्रेत' जैसे शब्दों की उपमाओं का बाहुल्य।

Expression पर ज़ोर। छायावाद का दूसरा रूप। मुझे यह दृष्टिकोण पसन्द नहीं, पर कविताएँ कुछ हद तक पसन्द।

10 अक्टूबर, 1946

घर से कल भी भीगते-भीगते काशी पहुँचा। समझा कि अब शान्तिपूर्वक

पढ़ सकूँगा किन्तु मार्कण्डेय के expelsion ने तो फिर तूफ़ान की भूमिका बाँध दी। ख़ैर, शान्ति के लिए शहर गया शम्भूनाथ जी के साथ। राह में मिल गये त्रिलोचन। महेन्द्र कुमार सिंह के बारे में जानकारी हुई। भूली बातें याद आयीं। काशी के प्रारम्भिक जीवन में भाई महेन्द्र कुमार मेरे लिए स्वर्णिम, सरस और सबल सहारा हुए थे। किन्तु आह! वह स्वप्न! सम्भवतः वे मुझसे फिर मिलेंगे या पत्र-व्यवहार करेंगे। सुना है वे बिल्कुल बंगाली हो गये हैं। अगर ऐसा है तो निश्चय ही मेरे साहित्यिक जीवन में फिर उनका साथ नवीन आलोक ले आयेगा जैसा आज से छह साल पूर्व हुआ था।

बातें करते हुए हम लोग दशाश्वमेध गंगा-तट पर पहुँचते हैं। वहाँ बजरे पर प्रसाद-परिषद् के शरदोत्सव में सम्मिलित होते हैं। समवयस्क नगेन्द्र का सितार बजाना मुझे दंग कर देता है। करुणापति जी का निबन्ध 'वाल्मीकि और रस सिद्धान्त' गम्भीरता से च्युत लगता है। कोई नवीनता नहीं मिलती। आचार्य शुक्ल जी तथा प्रेमचन्द जी के बारे में मज़ेदार संस्मरण सुनने को मिलते हैं। डॉ. जगन्नाथ प्रसाद तो शुद्ध हिन्दी भी नहीं बोल पाते। इन्द्रशंकर जी के शब्द चित्र तो व्यंग नहीं गाली हैं। इधर उनकी कला का ह्रास ही हुआ है। विश्वनाथ जी ने शुक्ल जी के रस-सिद्धान्त की मनोवैज्ञानिक पृष्ठभूमि की लौकिकता के विषय में जो कुछ कहा उसके आधार पर मैं पढ़ना चाहता हूँ।

इधर मैं हिन्दी आलोचना की ओर अधिक झुक रहा हूँ। 'धरती' पर जो आलोचना लिखी, वह त्रिलोचन ले गये। उन्हें तथा शम्भूनाथ जी को वह काफ़ी पसन्द आयी है।

सम्भवतः मैं 'छायालोक' पर भी कुछ लिखूँ। भूल से शम्भूनाथ जी समझते हैं कि उन्होंने मुझे 'छायालोक' दे दिया है। आजकल मेरे और उनके बीच काव्य और कला के सिद्धान्तों पर काफ़ी बहस हो रही है। सम्भवतः उनके विचार कुछ अधिक छायावादी, पाश्चात्य तथा हवाई हैं जिनके मूल में व्यक्तिवाद है।

13 अक्टूबर, 1946

जननाट्य परिषद् की ओर से हिन्दू स्कूल में प्रेमचन्द स्मृति दिवस मनाया जाता है। मैं, शम्भूनाथ जी, ब्रज विलास विनायक आदि पहुँचते हैं।

पं. हज़ारी प्रसाद द्विवेदी का लेख अत्यन्त गम्भीर रहा, यद्यपि उसमें प्रेमचन्द जी के बारे में कम और ज्ञान की बाहरी बातें तथा सिद्धान्त अधिक थे। वस्तुतः वे Classical पण्डित ही हैं मूलतः, आलोचक की हैसियत से वे directness नहीं निभा पाते।

गजानन माधव मुक्तिबोध की 'बबूल' शीर्षक कविता नवीन प्रतीकों से पूर्ण होने के कारण अच्छी थी। सुमन ने व्यर्थ लिखा था।

'कफ़न' का नाट्य रूप सफलपूर्वक अभिनीत हुआ। मुझे प्रेमचन्द की कहानियों में 'कफ़न' ही सर्वश्रेष्ठ लगती है। कई दृष्टियों से जननाट्य परिषद् वालों ने काफ़ी सादगी रखते हुए भी स्टेज को सुन्दर सजा रखा था। डायरेक्शन के मामले में मुझे कुछ रास्ता मिला। प्रोग्राम बहुत नवीन रहा।

18 अक्टूबर, 1946

कल 'सिकन्दर' फ़िल्म देखने न जाकर वादानुसार शम्भूनाथ जी के कार्य में सहायता पहुँचाना बड़ा ही शुभ और सुखद रहा। अब तो मुझे प्रतिज्ञा पालन का आनन्द स्पष्ट लक्षित हो रहा है। इससे 'सत्य' की रक्षा करने की आदत पड़ती है।

आज एक गुरु (कॉलेज के अध्यापक) से बातें हुईं। ये मुझे कुछ अहंकारी के रूप में समझ रहे थे। मुझ पर कुछ अप्रसन्न और क्षुब्ध थे। उनकी बातों के बाद मैं इस नतीजे पर पहुँचा कि छात्र-राजनीति में भाग लेना मूर्खता है। अध्ययन ही प्रमुख ध्येय होना चाहिए। इस वर्ष कॉलेज की अशान्ति में मेरा जो योग रहा, उसने मुझे ठेस लगा कर बहुत कुछ सिखा दिया। वस्तुतः वह सहयोग प्रतिक्रियास्वरूप था। मैं लीडर नहीं बनना चाहता था पर लड़कों की आँखों से गिरना भी नहीं चाहता था। मेरा यह सोचना व्यर्थ था। हाँ, मैं प्रिंसिपल साहब या किसी और व्यक्ति के प्रति उतना ही सच्चा था, जितना पहले। उन लोगों ने वर्गगत विरोध को व्यक्तिगत समझ लिया। इसके लिए मैं क्या करूँ। ख़ैर, अब शान्ति मिल रही है। कई अड़चनों के बावजूद भी मैं 'इतिहास के टूर' में स्वयं भी नहीं जाने का संकल्प कर रहा हूँ। व्यर्थ बदनामी है।

आज डॉ. मृत्युंजय सिंह ने मुझे टैगोर की 'उर्वशी' का अनुवाद करने को प्रेरित किया। मैं अवकाश मिलने पर करूँगा। अनुवाद कर दिया।

1. When to the Sessions of sweet silent thought
I summon up remembrance of things past

2. झुकती है निगाह तेरी मुझसे मिलकर
दीवार से धूप उतर रही है गोया। **–जोश**

3. इधर आँख झपकी उधर ढल गयी वह
जवानी भी एक धूप थी दोपहर की–**इबरत**

4. कोमल पदगामिनी की आहट तो सुनो
गाते क़दमों की गुनगुनाहट तो सुनो

5. सावन की फुहार मद में डूबा हुआ रूप
रस की बूँदों की झमझमाहट तो सुनो!–**फ़िराक़**

भारत गीत

जन गण मन अधिनायक जय हे
भारत भाग्य विधाता।
पंजाब सिन्ध गुजरात मराठा
द्राविड़ उत्कल बंग,
विन्ध्य हिमाचल यमुना गंगा
उच्छल जलधि तरंग,
तब शुभ नामे जागे
तब शुभ आशिष माँगे।
गाहे तब जय गाथा।
जन गण मंगलदायक जय हे
भारत भाग्य विधाता।
जय हे, जय हे, जय हे
जय जय जय, जय हे।

28 अक्टूबर, 1946

आज अपराह्न में 'अज्ञेय' से मिलने शम्भूनाथ जी के साथ गोदौलिया गया। मिले वे। एक चौकी पर लेटे 'पत्रिका' पढ़ रहे थे। देखते ही उठ बैठे। ओठों पर सलज्ज मुस्कान, चश्मे के अन्दर झुकी हुई आँखें तथा कोमल माथे पर

कुछ शिकन और भौंहों के खिंचाव पर प्रश्न का सीधा तीर। कुल मिलाकर अज्ञेय स्त्रीजन सुलभ मार्दव और लज्जा युक्त लगे।

शम्भूनाथ जी ने तो अपनी दो पुस्तकें समर्पित कीं और मैंने अपने कॉलेज में निमन्त्रित किया। बातचीत शुरू करनी थी—इसलिए उनके प्रकाशनों के विषय में तथा कुछ वर्तमान जीवन के विषय में प्रश्न किये गये। शम्भूनाथ जी ने कम्युनिस्टों की शिकायत की और बात आ पड़ी कविता पर। अज्ञेय ने धीरे-से अपने स्वाभाविक स्वर में जैसे शम्भूनाथ जी की 'पंछी' की आलोचना करते हुए कहा—'सुनते समय कल मुझे पंक्ति-पंक्ति पर उसके अपवाद मिल रहे थे। कविता में कल्पना के साथ सत्य तो होना ही चाहिए—चाहे वह वैज्ञानिक ही क्यों न हो।' और शम्भूनाथ जी उसका समुचित जवाब न दे सके।

एक बंगाली लड़की 'बुद्ध' की प्रतिमा लेकर खेल रही थी पास ही। अज्ञेय उसे शिशु मनोविज्ञान से समझा रहे थे।

29 अक्टूबर, 1946

कल 11 बजे रात दारागंज आ गया। आज प्रातः राधा-रमण इंटर कॉलेज गया। चौबे जी ने नाम के बाद रूप भी पहचाना। गोपेश ने भी पहचान लिया। इन्द्रसेन के साथ टीचर्स रूम में गया। वहाँ के हास्यप्रिय अध्यापकों के बीच कविताएँ सुनायीं। दस बजे हिन्दी परिषद् का उद्घाटन हुआ। डॉ. अमरनाथ ने विशुद्ध हिन्दी में व्याख्यान दिया। मुझे शुद्ध उच्चारण और भाषा की प्रेरणा मिली। महेन्द्र से मुलाक़ात हुई। कविताएँ सुनायी गयीं। जलपान के बाद लौट पड़े। कॉलेज में चौबे जी के शासन सम्बन्धी कड़े रूप को देखा। स्कूल के एक लड़के ने कॉलेज भवन की बाहरी दीवार पर पेशाब कर दिया था। उन्होंने उसे क्षमा न कर अपने हाथ से धोने का आदेश दिया।

शाम को रघुवीर, अमर सिंह तथा श्रीपाल सिंह 'क्षेम' से मिला। छात्रालय में चौबे जी के सभापतित्व में एक गोष्ठी भी हुई।

30 अक्टूबर, 1946

जाना चाहते हुए भी जा न सका। के.पी.यू.सी. गया। विजयी से भेंट हुई। ख़ूब जमकर बातें हुईं। इस बार काशी में भी 'परिमल' की स्थापना करने का विचार लेकर आया।

नौका विहार—कविता पाठ। आवास। सुबह वापसी।

1 नवम्बर, 1946

शरद बाबू का 'शेष प्रश्न' पढ़ा। सम्पूर्ण उपन्यास नाटकीय तत्त्व प्रधान है अच्छा होता यह नाटक होता।

कथोपकथन में सिद्धान्तों का पाश्चात्य और पौर्वात्य निरूपण किया गया है। सभी पात्र अपने ढंग के हैं। कमल का जीवन तो बिल्कुल रहस्यमय लगता है। इसी की छाप अधिक पड़ती है।

दूसरे हैं वृद्ध आशुबाबू। एक तपे हुए भारतीय अनुभवी ऋषि जैसे। इस उपन्यास ने शेखर के बाद दूसरी बार मुझे प्रभावित किया।

दुनिया में प्रत्येक उलझन तभी होती है जब व्यक्ति अपने व्यक्तिगत और समष्टिगत स्वरूप का भेद नहीं समझता।

6 नवम्बर, 1946 से 7 नवम्बर, 1946

आज अज्ञेय से लगभग डेढ़ घण्टे बातचीत हुई। साहित्य समीक्षा को लेकर मेरी और उनकी राय बहुत कुछ मिलती गयी। बातों के आधार ये थे—

1. वर्तमान कविता में प्रतीक-संकेत
2. वर्तमान कविता में गद्यात्मक रूप
3. काव्य में नवीनता और मौलिकता
4. कवि की व्यक्ति और समष्टिगत दो धाराओं के अनुसार काव्य के दो रूप स्वाभाविक हैं?

जब मैं चिल्ला रहा था तो मेरी बात किसी तक नहीं पहुँच पाती, पर थक कर जब मौन हो गया तो सहस्रों मुख मेरी अन्तर्ध्वनि को दुहराते दिखाई पड़े।

> *"जीवन निज स्वरूप को प्रकाशित करने की चेष्टा करता है और कई शक्तियाँ उसे दबाने की चेष्टा करती हैं, इन्हीं प्रतिद्वन्द्वी शक्ति-समूहों को परास्त कर निज शक्ति प्रकाश की अविरल चेष्टा का नाम जीवन है।"*

—विवेकानन्द

खण्ड : दो

1951-52 की डायरी

7 अगस्त, 1951

डायरी लिखने की इच्छा महीनों से थी, लेकिन कई कारणों से टलती रही। आज से नये जीवन—अथवा जीवन के नये अध्याय का आरम्भ हुआ तो शुरू करना ज़रूरी जान पड़ा। छपी डायरी जनवरी से। आज ठीक 9 बजे प्रातः डे-छात्रावास—क. नं. 72 में आया। यह का.वि.वि. में मेरे छात्रावास-जीवन का आरम्भ है। बी.ए. और एम.ए. विश्वविद्यालय के 'घेरे से बाहर' रहकर किये। अब रिसर्च स्कॉलर के रूप में 'घेरे के भीतर' रहना पड़ा। इसके बिना अनुभव अधूरा रहता। छात्रावास में आया भी तो एक छोर पर। शायद यह जीवन छोरों पर ही रहता आया है—या रहेगा। श्री विश्वम्भरशरण पाठक एकमात्र साथी और मित्र हैं यहाँ के प्रवास के। अध्यवसायी, प्रतिभावान्, प्रगल्भ, स्वस्थ और प्रसन्नकाय, मधुर-मितभाषी कोरे छात्र।

1॥ बजे पैदल चलता त्रिलोचन शास्त्री के वास पर गया। सहसा लालजी सिंह, विष्णुचन्द्र शर्मा आये। उपस्थिति में ही भाभी का परोसा भोजन किया। ठाकुर : शिव पर बातें। ठाकुर दूसरों को अपना बनाना तो चाहते हैं पर बनना नहीं चाहते मेरा रिमार्क। इस तरह की बातें ठीक नहीं। केदार और जमादार आये। तुलसी घाट होते हुए आगे चले। केदार ने इधर दो-तीन कविताएँ लिखी हैं। लिखित नहीं लाये थे—गोया इससे उनकी प्रतिष्ठा घट जायेगी। व्यर्थ ही उनके साथ गोदौलिया तक। सिनेमा देखने का मोहान्ध आग्रह। जगत जी के यहाँ घण्टे भर। मुकुल से क्षणिक मुलाक़ात।

8 अगस्त, 1951

शौच, स्नान, व्यायाम। छात्रावास में पहला प्रभात। विगत दिनों की दैनिकी लिखी। लिख ही रहा था कि बैंड का स्वर सुन पड़ा। दरवाज़े के छेद से

देखा—युवक समाजवादियों का अगस्त क्रान्ति वाला जलूस। कोई 25 छात्र और 5 लाल टोपी। बैंड नारों को दबा कर रेंक रहा था। यही इस दल का स्वभाव है। इन्हें अपना नारा जनता तक पहुँचाने का मोह नहीं केवल सबको अपनी ओर आकृष्ट करना है। अधूरी डायरी में त्रिलोचन जी आये। 'ट्यूशन नहीं करूँगा। शान्ति कुटीर पर नव संस्कृति संघ की मीटिंग न हो सकेगी। आदि।' बाबा किनाराम का झक्कड़पन नया नहीं। ग़ैर-ज़िम्मेदारी को अधीरता ने तेज़ कर दिया है। महिला छात्रावास के द्वार की तनिक सी प्रतीक्षा भी उन्हें असह्य। समझाया। पर मानेंगे क्यों? पाठक जी के साथ हम दोनों की प्रभाती चाय। लौटकर नयी कविताओं तथा पुराने अध्यापकों के सम्बन्ध पर बहस। पाठक जी शास्त्र के टीले पर खड़े हमारी बातें चकित सुनते रहे। उन्हें विश्वास ही न था कि नयी कविताएँ अध्यापकों को कैसे समझ में नहीं आ सकतीं। अजित 10॥ पर आये। उन्हें पुस्तकालय दिखाते हुए कॉलेज। विश्वनाथ जी से थीसिस लौटाने और छपाने की बात। टैक्सी द्वारा पण्डित जी को लेकर उ.प्र. कॉलेज। प्रिंसिपल साहब द्वारा मेरे पूर्व छात्र जीवन की प्रशंसा आत्मीयतापूर्ण। पण्डित जी का जोशीला भाषण। न.सं.सं. में मेरा निबन्ध पाठ।...

9 अगस्त, 1951

ठीक समय पर नित्यकर्म। सामने पेड़ों के पार जो हरिदास रहता है कि नहीं—जाने को जी रोज़ करता है। तड़के-तड़के हरि जी को तरसाने में भी कम मज़ा नहीं। जाने वाला कब रुका है। 9 पर विक्रम व आनन्द बहादुर आये। आनन्द जी महेन्द्र जी के साथी—अब प्रयाग-प्रवास कर रहे हैं पर का. वि.वि. का मोह यहाँ खींच लाया है। बी.एड. में नाम लिखवा देने का आग्रह। उनकी व्यर्थता बताने पर हिस्ट्री एम.ए. की ओर झुकाव। फिर उसमें कठिनाई देख हिन्दी की ओर मुड़े। राम-लखन के बीच दौड़ती हुई शूर्पणखा याद आयी। यही स्वभाव हो चला है छात्रों का। पण्डित जी द्वारा उद्धृत इन चौपाइयों का मर्म समझाया—'वचन काँय मन मम गति जाई। सपनेहुँ बूझिअ विपति किताई कह हनुमन्त विपति प्रभु सोई। जब तब सुमिरन भजन न होई' यहाँ राम=आत्मादर्श के प्रति आस्था।

दोपहर में कविताएँ लिखीं। शाम शास्त्री जी के वास के साथ ही प्रमोद कुमार के घर साहित्यिक संघ की बैठक में। घड़ी आने पर भी 20 मिनट की देर! शर्म। कारण, शास्त्री जी। विष्णु में खोजपूर्ण लेख लिखने का सामर्थ्य देखा। केदार की कविताओं में टेक्नीक की अचेतता... 'चलते हैं थोड़ी देर हर एक राहरौ के साथ।' सूर्यप्रताप वहीं। विजय कुमार शाह भी देखादेखी केदार की ओर। बिना सूझ के सब तुक्के छोड़ रहे हैं। शम्भूनाथ जी का हास्यास्पद प्रयोगवाद। साहित्यिक संघ की इतनी सफल गोष्ठी कभी नहीं रही है। प्रमोद का चित्र अलग।

23 सितम्बर, 1951

शाम। उमस। जी उदास। पण्डित जी के साथ टहलने के इरादे से चला। बिरला छात्रावास के मार्ग में मिले। रुइया के मैदान की ओर। कॉलेज वाले छोर पर विराम और वहीं ज़मीन पर बैठने का निश्चय। पण्डित जी ने कुर्ता-गंजी सब निकाल दिया। संकोचवश मैंने कहा—"लड़के आ-जा रहे हैं; देखेंगे तो क्या कहेंगे?"

स्वाभाविक अट्टहास के साथ उपेक्षापूर्ण स्वर में पण्डित जी बोले—"कहेंगे क्या? संस्कृत पढ़ने पर पुरुषों को और अंग्रेज़ी पढ़ लेने पर स्त्रियों को नंगा रहने का अधिकार मिल जाता है।" उठना। बोटेनिकल गार्डेन। तालाब देखकर छात्र जीवन के दाद-प्रकरण का पण्डित जी द्वारा उद्धरण। किस प्रकार तेज़ दवा के कारण रात वहीं तालाब में बिताई एक सरदार के साथ।

5 दिसम्बर, 1951

नयी घटना—आचार्य नरेन्द्रदेव का का.वि.वि. के कुलपति रूप में आगमन। स्टेशन से विश्वविद्यालय तक स्वागत की धूम। कहते सुना—ऐसा स्वागत किसी कुलपति का कहीं कभी नहीं हुआ। छात्रों में अत्यन्त उत्साह। पृष्ठभूमि में कृतकार्य कुलपति गोविन्द मालवीय के प्रति असन्तोष। विश्वविद्यालय फाटक से महिला छात्रावास तक सड़क के दोनों ओर दुहरी-तिहरी क़तार। महिलाओं की क़तार से लगी विश्वविद्यालय के मज़दूरों की पाँत। लगा,

यह अनजाने ही एक सामाजिक सत्य की ओर संकेत है। अपने राम भी मज़दूरों में ही खड़े रहे। साथ शिवप्रसाद सिंह। माइक पर रह-रह कर आचार्य जी के आगमन की घोषणा और कुछ इस तरह की भी—'महिलाओं की क़तार के पीछे से आप लोग हट जायें क्योंकि आचार्य जी इसे पसन्द न करेंगे।'

आचार्य जी खुली गाड़ी में फूलों से लदे। एक ओर रजिस्ट्रार जी.पी. मेहता और पीछे ज्ञानानन्द शर्मा पाठक। सुन्दरम् साहब भी आ गये। किसी क़दर आचार्य जी का उपकुलपति के बंगले में पहुँचना। भीतर चापलूसों की जमात। छात्रों की काई का हटना। बिरला छात्रावास में दीवाली, बाजे, पटाखे। गोविन्द जी की विदाई न होना बहुतों को अखरा। B.L.T का अर्थ—यह स्वागत किसी भावी अनिष्ट का सूचक।

9 दिसम्बर, 1951

सुबह 8॥ पी.सी. जोशी की नाती-पार्टी के सदस्यों और समीपवर्तियों में रुस्तम के मकान पर। जोशी खैनी खाते हैं, जगत से मालूम हुआ और साक्षात् देखने को भी मिला। जोशी बम्बइया लहजे में जल्दी-जल्दी हिन्दी बोले। ठेका—'नहीं'। केवल संगठन की बातें। सिद्धान्त नहीं। सभी बातें सूत्र रूप में काग़ज़ पर लिखी थीं। चुनाव संगठन के सभी पहलुओं पर बोले जगत के साथ चला। सी.आई.डी. हवलदार सिंह। जगत का एक संस्मरण। अपने को कुछ बढ़ाकर दिखाया।

विवाह पर बातें। चौहान के लिए सबसे ज़रूरी। शमशेर का नम्बर दूसरा। ख़ुद जगत दोस्ती के कायल। पर दिखे गीले ज़रूर।

आचार्य केशव प्रसाद स्वाध्याय मन्दिर में मेरा भाषण—महादेवी पर। सवा घण्टे। कुछ परम्परागत प्रश्न समाधान। महादेवी के साथ चिपका हुआ रहस्यात्मक मैल साफ़ करने में दिन लगेंगे।

साहित्य संघ की बैठक मनोहर भवन में। त्रिलोचन जी का अभाव खटका। साथ रहते हैं तो बल मिलता है। मन्वन्तर की समीक्षा हरिमोहन ने कुण्ठित की थी—पर सहानुभूति के साथ। शम्भूनाथ जी का स्वरक्षात्मक कवच जर्जर दिखा। शिवप्रसाद ने बढ़िया से पढ़ा कहानी कहकर।...

14 दिसम्बर, 1951

शाम 5 बजे टहलने निकला–सोचा पण्डित जी के यहाँ से होता चलूँ। पहुँचा। मिले। शीला मालवीय आयी थीं। उनसे खड़े-खड़े बात करके बाहर आये और हम साथ ही टहलने निकले। अग्रहायण पूनो का चाँद; विश्वविद्यालय द्वार से अद्‍भुत दिखा पेड़ों के झुटपुटे में। मैंने दिखाया पण्डित जी ने देखा और श्लोक पढ़ा–माघ और कालिदास वाला अर्थ बदलते हुए सगर्भ। संकेत आचार्य जी तथा गोविन्द जी की ओर था। एक उदय हो रहा है दूसरा अस्त। चले गोविन्द जी के नव वास की ओर। पण्डित जी ने पूछा–"क्यों, जानते हो 'गोविन्द-गेट' कौन सा है?" मैंने उत्सुकता का समाधान करते हुए दिखाया जहाँ खड़िया से तथ्योल्लेख था। ठहाका। "गोविन्द जी आये भी तो इसी द्वार पर पुनः रहने!"–पण्डित जी ने यह कहते हुए सामने का काशी नरेश वाला बगीचा दिखाया। 'जब ये वाइस चांसलर थे तो सब घेरे रहते थे, अब अपदस्थ होने पर कोई झाँकता तक नहीं। चलो, हम तो चलें।' पण्डित जी ने कहा और मैंने ठाकुर की 'अभिसार' से ये पंक्ति सुना दीं–'आज रजनि ते हयेछे समय, एसेछि वासवदत्ता।' हँसे। गोविन्द जी खोखली हँसी के बीच बोले–"लोग समझते होंगे कि मैं चिन्तित हूँ। लेकिन अभी तो स्वतन्त्र होकर ही ख़र्च करने का अवसर आया है।"...

17 दिसम्बर, 1951

शाम। अनमना ही बिरला छात्रावास : शिवप्रसाद न मिले। फाटक पर बबुआ (पण्डित जी का बड़ा लड़का जगदीश) मिला। अप्रत्याशित पण्डित जी के आगमन की सूचना मिली। मुड़ गया। टहलने को तैयार मिले। चले। राह में नर्मदेश्वर चतुर्वेदी की चिट्ठी मिली। मेरी पुस्तक के शेषांश का आग्रह था। 'यू. क्लब' जिसे पण्डित जी ने 'क्लैव्यं' कहा। शिवजोशी तिवारी, डॉ. गणेश बीच ही में आ टपके। आदमी ख़ूब ज़िन्दादिल है। डॉ. जोशी तथा प्रो. जोशी सम्बन्धी लतीफ़े।

उन्हें छोड़ हम पंचकोशी सड़क पर आये। पान। फिर लंका तक टहलना। अपभ्रंश साहित्य पर बातें। मैंने हिन्दी पर अपभ्रंश साहित्य के प्रभाव की चर्चा छेड़ी। पण्डित जी ने कहा–"वही तो मैं भी लिख रहा हूँ;

कहो तो, तुम्हारी पुस्तक में भूमिका लिख दूँ।" मैंने कहा—"तब तो वह 'शेष स्मृतियाँ' हो जायेगी। सभी आपकी भूमिका पढ़कर पुस्तक रख देंगे।" हँसे। एक बड़ी बात टली।

छायावाद और फ़ारसी साहित्य के इतिहास पर भी बातें। वीरगाथा काव्य भारतीय साहित्य की मुख्यधारा में नहीं है।

18 दिसम्बर, 1951

प्रातः किनाराम (त्रिलोचन) 8॥ पर आ धमके सॉनेट लेकर। ऊँचे पाए की चीज़ें सुनायीं। 'आँखों का प्रकाश बह आया बायें से दायें'। चाय। 'रत्न' के परीक्षार्थियों को भाषा विज्ञान पढ़ा कर विदा किया। कॉलेज। अध्यापन। आचार्य पद्मनारायण जी ने मुझे ना.प्र.स. में 'पृथ्वीराज रासो' पर बोलने को निमन्त्रित किया। स्वीकार करके छात्रावास आया। पढ़ता रहा कि सूर्यप्रताप की कविताओं सहित चिट्ठी आयी। ख़तम करते न करते किनाराम, हरिमोहन, शिवप्रसाद और श्यामलाकान्त आ विराजे। मोमबत्ती के धूमिल प्रकाश में उसकी कविताएँ पढ़ता रहा। लोग 'वाह-वाह' में डूबे रहे। मेरे मुँह से कविता निकलती थी उनके मुँह से वाह बनकर। सबने माना कि मेरा साल भर पहले का यह कथन अक्षरशः सत्य है कि केदार से अधिक मौलिकता इस बालक में है। घण्टे भर बाद लोग गये। मैंने सूर्यप्रताप को दो कार्ड, एक लिफ़ाफ़ा चौहान और एक मज़ेदार कार्ड शमशेर को भेजा। और भी कई पत्र। कमरे की रोशनी इधर कई दिन से ग़ायब रहती है।

1 जनवरी, 1952

पिछले साल कुछ ऐसी घटनाएँ हुईं कि डायरी न लिखने की कमी बार-बार खटकी। 'बक़लम ख़ुद' का प्रकाशन, 'नीम के फूल' का प्रेस में जाना, कविता-लेखन की नूतन बाढ़, आर्थिक कठिनाइयाँ, घरेलू उथल-पुथल आदि बातें तो थीं ही, पण्डित जी तथा शास्त्री जी से बातचीत के सिलसिले में इतनी बातें हुईं जिनका साहित्यिक महत्त्व है। फलतः डायरी-लेखन आरम्भ किया। जगत जी के कहने पर छपित 'दैनिकी' न लेकर उन्हीं द्वारा बनवाई हुई यह सादी डायरी ली। अस्तु।

पिछली रात अकनू भवन शास्त्री जी के बगल वाले कमरे में सोना। रात दो बजे तक जागकर, 'हिन्दी के विकास में अपभ्रंश का योग' पुस्तक के शेष परिशिष्ट लिखता रहा। पूरा किया। नर्मदेश्वर जी, साहित्य भवन लि. के पास जल्द भेजना है। उधर शास्त्री जी (त्रिलोचन) रात भर जागकर सॉनेट लिखते रहे। कुल 32 सॉनेट सुबह सुनने को मिले। लोग विश्यास न करेंगे पर है सच। सबकी शैली तथा भाव भिन्न। दिन पर दिन निखार आ रहा है। संवाद का यथातथ्य अंकन और 'रफ' स्केच का परिदृश्य। जीवन के कटु-मधु अनुभवों का यथार्थ सजीव हो उठा है।

गंगा स्नान। चिरपरिचित दृश्य में भी नवीनता। गंगा की रेती पर रुई के गाले से बादल और ऊपर इंजीनियरिंग कॉलेज की चिमनी के धुएँ की टूटती लकीर। कुहरे के धुन्ध में पहाड़ी-सी काशी। आह्लाद। काश, यह वर्ष कर्म की नयी पुकार से पूर्ण होता।

2 जनवरी, 1952

'छायावाद' पर पूर्व-नियोजित पुस्तक की सामग्री को क्रम देना। 12 बजे दिन तक यही क्रम। भोजन के लिए अकनू भवन को प्रयाण। राह में बा.ल. कोतमिरे की खिड़की खुली देख मुड़ा। डॉ. श्रीकृष्ण लाल की थीसिस 'आधुनिक हिन्दी साहित्य' ली। चला। भूख की तेज़ी पाँवों में गति भर रही थी। पहुँचते ही कमला पण्डित की सहधर्मिणी पार्वती जी को कहते पाया कि शास्त्री जी शास्त्रिणी से लड़कर उन्हें घर पहुँचाने गये। पेट की पीड़ा ने हृदय को मरोड़ दिया। चला गोदौलिया की ओर। रिक्शे पर शान्तिप्रिय द्विवेदी। 'मुझे आपने भावुक क्यों लिखा?' उत्तर दिया : लिखा तो था 'भावुक'। वे देखते रहे।

5 जनवरी, 1952

सुबह उठते ही देखा कि डॉ. मार्कण्डेय सिंह पी.टी. के लिए छात्रों को निकाल रहे हैं। पुरानी बातें याद आयीं। धुकधुकी थी कि कहीं मेरे कमरे में भी न आ जायें। सुबह-सुबह आरोचकी समीक्षक से मुठभेड़ ठीक नहीं। ख़ुदा ने ख़ैर की। छठे बोर्डिंग के क्वार्टर्स पर ओंकार से मिलने गया।

पुराना सहपाठी। सो रहा था। अपनी बच्ची लेकर रज़ाई ओढ़े आया। देखा, दाढ़ी न थी। अजीब पागल है। कभी रखता है, कभी सफाचट करवा देता है। शादी से पहले कहता था कि 'दाढ़ी रखने से लड़कियाँ आकृष्ट होती हैं। मुछमुंडे के सामने कौन लहँगा पसारेगी?' बातें। चाय। उदयपुर के संस्मरण। घण्टा भर चकल्लस में गया।

हरिमोहन का वास। उसकी बच्ची 'सुषमा' का लजीलापन और उसके साले की पंचवर्षीय बच्ची की मिलनसारिता से उलझा रहा। मन की नीरसता भी पल्लवित हो उठी। भोजन। 3॥ पर बस से गोदौलिया। जगत जी के पास। रामगोपाल तथा शिवदानसिंह चौहान के विवाह का समाचार। पत्र भी पढ़े। बड़े चौहान विजय के साथ रोमांस चला रहे हैं। साहस के लिए शक्ति चाहिए। चौहान की मुख़्तसर काया सामने आयी। शायद यह आदमी व्यवस्थित हो जाय—शायद अच्छा-सा मध्यवर्गीय गृहस्थ ही बनकर रह जाय। साहित्य-समीक्षा की तीखी धार! देखें रोमांस क्या रंग लाता है।

प्रेमचन्द की प्लेट लेकर लौटा। माखन बाबू से गोर्की की कहानियों और नाटकों का संग्रह लिया। गोरस स्टूडियो में प्रेमचन्द की निगेटिव प्लेट प्रिंट करने को दी और छात्रावास 8 बजे तक आ धमका। एक चित्र इनमें से शास्त्री जी को भेंट करूँगा।

14 जनवरी, 1952 : मकर संक्रान्ति

भारतभूषण जी के व्यंगों को नरेश से सुना। कमाल के व्यक्ति चित्र लिखे हैं उन्होंने। 9॥ सुबह प्रकाशचन्द्र के वास पर हम तीनों। नेमि के यहाँ। नेमि ने तिलगुड़ खिलाया। प्रकाश जी के यहाँ जुटे। केले की छाया में कुर्सियाँ। छाया को लेकर मज़ाक़। शास्त्री जी धूपवादी रहे और सभी छायावादी। 'योजना' के सिलसिले में प्रकाश जी ने अज्ञेय को बुलाने का विरोध किया। सबने 'हाँ' की। प्रकाश जी ने बताया कि दिल्ली प्र.ले.सं. ने प्रस्ताव पास किया है कि चौहान सरकारी गुप्तचर हैं।

पन्त जी के घर—केवल हमीं तीनों। पन्त जी भीगे बालों बाहर आये। बैठने को कहकर बाल सुखाने गये। बैठक उच्च मध्यवर्गीय। रंगीनी, कोमलता। हमारी योजना में आना स्वीकार किया। कविता पर बातें।

मैंने सुझाया—'प्रसाद जी ने आरम्भ में छन्दों पर जितना प्रयोग किया है, कम लोगों ने किया होगा।' पन्त जी चौंके। सॉनेट के स्वरूप पर बातें। शास्त्री जी ने प्रसाद के सॉनेट सुनाये और पन्त जी ने कहा कि सॉनेट में run-on पंक्तियों का होना अनिवार्य शर्त नहीं। पन्त जी ने पूछा कि वात्स्यायन जी को बुला रहे हैं या नहीं। मैंने टाला।

डॉ. रघुवंश का वास। परिचय कराया शमशेर ने। चलते-चलाते उन्होंने मेरी 'दूसरा सप्तक' वाली समीक्षा पर 'Thrashing' होने का रिमार्क दिया। शास्त्री जी ने उनकी थीसिस को प्रयाग विश्वविद्यालय की कूड़ा थीसिसों में काम की बताया। शास्त्री जी बेलौस बातें कह जाते हैं।

घर लौटना। भोजन। कुछ अरुचिकर प्रसंग। 'आलोचना' में प्रकाशित शास्त्री जी की समीक्षा पर 'कांग्रेस के बैलों को हाँकने के लिए आदमी को वोट दो' संगल ने नारा बनाने का सुझाव रखा। उनके जाने पर शमशेर ने बताया कि बम्बई में रहते हुए संगल नारा बनाने के लिए मशहूर थे—लगाने के लिए भी।

शमशेर ने 'ख़ाका-बाढ़' नाम की एक गद्यात्मक कविता सुनायी। यथार्थता तथा व्यंग में प्रथम श्रेणी की रचना थी। भोजन। मिश्र बन्धुओं के लतीफ़े तथा नरेश शास्त्री जी ने सॉनेट सुनाना शुरू किया और मैंने सोना।

15 जनवरी, 1952 : मंगलवार

सुबह उठते ही महादेव भाई के पास गया। अपनी पुस्तक का फाइनल प्रूफ़ देखने के लिए राज़ी किया। सरोज से बन्दगी। चाय नरेश-शमशेर के साथ। प्रयाग से विदा। विदा होते-होते शास्त्री जी ने शमशेर-नरेश के रसोइये की ओर संकेत करके कहा—

हो सुखी वह मालिकों के ही समान
गीत गाकर गये दोनों मेहमान

जो इससे पूर्व कही हुई इस कविता का उत्तर था—

है दुखी वह मालिकों के ही समान
गा रहे हैं गीत दो-दो मेहमान

इस निर्मम व्यंग्य पर सभी तिलमिलाते रहे, पर शास्त्री जी तो शास्त्री जी हैं। इन पंक्तियों को उन्होंने सप्रसंग कई जगहों पर दुहराया। शमशेर ने 'उदिता' काव्य संग्रह अपनी ममेरी बहिन के कहने पर उसके नाम के आधार पर रखा है। उससे वह विवाह न कर सके! शास्त्री जी ने बताया।

17 जनवरी, 1952 : बृहस्पतिवार, बनारस

आज भी दोनों वक़्त फाका। मेस बन्द है। खाने को पैसे नहीं। भीख माँगने का साहस नहीं। निराश होकर सेंट्रल ऑफ़िस 'फेलोशिप' वाले काग़ज़ का पता लगाने गया। देखा वैसे ही लटक रहा है। जी हुआ—ऑफ़िस में दियासलाई लगा दें। सात महीने से काग़ज़ झूल रहा है। यह है लाल फीते की करामात। वाह रे पूँजीवादी व्यवस्था का ढाँचा! कोई भूखों मरे और कोई ऑफ़िस में फ़ाइलों को खिसकाते हुए ज़िन्दगी काटे। खीझकर लौटा। भूख की उसी वेगवती पीड़ा में बेनिया पर नेहरू जी का भाषण सुनने चला। साथ में शास्त्री जी। जगत जी के वास पर। चाय-बिस्कुट। भाषण सुनने बेनिया बाग। अपार भीड़। लगभग एक लाख। आरम्भ में वेद, क़ुरान तथा ग्रन्थ साहब से पाठ। पास खड़े सिखों का रिमार्क सुनता रहा। 'आज इन्हें भी धर्म सूझ रहा है।' चुनाव का समय है। ऐसे ही नाटक होंगे। नेहरू जी ने हमेशा की तरह भाषण किया। भारत-भ्रमण की कहानी, बड़े-बड़े मसले, हमने यह किया वह किया। वही पुराना राग। गले में बुढ़ापे का असर। शेर बूढ़ा हो चला है। वीरपूजा देखकर मैं दंग रहा।

बाहर सोशलिस्ट नारा लगा रहे थे—'कल समाजवादी पार्टी के प्रसिद्ध नेता जयप्रकाश का भाषण होगा।' लानत है जो जयप्रकाश के लिए भी इस विशेषण की ज़रूरत पड़े। घोषणा का ढंग भी नहीं मालूम।

18 जनवरी, 1952 : शुक्रवार

सुबह से अपभ्रंश के देशी शब्दों पर काम करता रहा। आज से मेस चलने की सूचना मिली। आश्वस्त था, इसलिए पढ़ने में भी जी लगा।

शास्त्री जी का सॉनेट याद आया—'पहले खाना मिला करे तो कठिन नहीं है बात बनाना।' दिन का आरम्भ अच्छा लगा। चतुर्थ वर्ष के विद्यार्थियों को भाषा विज्ञान तथा तृतीय वर्ष के छात्रों को उच्चारण निबन्ध का मर्म समझाया। सेंट्रल ऑफ़िस गया। पता चला कि 'फेलोशिप' की नियुक्ति पर प्रो-वाइस चांसलर ने स्वीकृति दे दी। अब कॉलेज दफ़्तर में सूचना पहुँचने की देर है। रुपया शायद अगले सप्ताह मिले।

पुस्तकालय गया। निम्नलिखित पुस्तकें लीं—

1. Technical Terms & Technique of Sanskrit. Grammar–K.C. Chatterji
2. छन्दः प्रभाकर—जगन्नाथ प्रसाद 'भानु'

पण्डित जी रिक्शे पर साथ ही आये और 'रासो' तथा हिन्दी काव्यधारा ले गये। पटनावाले व्याख्यान की कई बातें करते गये। शिवप्रसाद के साथ शास्त्री जी के वास पर। ठाकुर प्रसाद और विष्णु पहले ही से विराजमान थे। लेखक-सम्मेलन की योजना पर विचार। शास्त्री जी ने केदार के सॉनेट पर राय दी—"शेक्सपीरियन + मिल्टानिक। खिचड़ी। भाषा में सादगी। पहले की अलंकृति झड़ गयी है। अच्छे हैं।" सोचता हूँ, सॉनेट का भी क्या रोग लगाया शास्त्री जी ने। उदय और सूर्यप्रताप की चिट्ठियाँ आयीं।

22 जनवरी, 1952 : मंगलवार

'मार्क्स-एंगेल्स' के संकलित ग्रन्थ से पढ़ता रहा : प्रायः सैद्धान्तिक अंश 'मेनिफेस्टो' सचमुच ही काव्य का-सा आनन्द देता है। बार-बार पढ़ने को जी चाहता है। फिर, 'शेर ओ सुख़न' (सं. गोयलीय) पढ़ते हुए ग़ालिब के इस शे'र पर नज़र ठहर गयी :

पानी से सग गज़ीदा डरे जिस तरह 'असद'।
डरता हूँ आईने से कि मर्दुगज़ीदा हूँ।

कुत्ते का काटा जिस तरह पानी से डरता है उसी तरह मैं आईने से डरता हूँ क्योंकि मैं आदमी का काटा हूँ। किस आदमी का काटा? वही तो नहीं जो ख़ुद किसी कुत्ते का काटा है? शे'र देर तक मन में गूँजता रहा।

त्रिलोचन के कई सॉनेट याद आते रहे। फिर शमशेर भी और निराला भी। अब तो ग़ालिब का पूरा दीवान कहीं से हासिल करना ही पड़ेगा।

23 जनवरी, 1952 : बुधवार

प्रत्यूष में अकनू भवन से टहलते हुए डे छात्रावास की ओर। राह में मिले डॉ. राजबली पाण्डेय। बोले—'चुनाव ख़तम हो गया?' इसे तो ये भी जानते हैं परन्तु शायद इसमें कुछ व्यंग्यार्थ हो, सोचा। चुप रहा। बोले—'क्या उम्मीद है?' कहा—'रुस्तम की जीत।' 'मेरा मतलब आप से है।'—खुले डॉ. पाण्डेय। देखा, आज तक उनके मन में भ्रम है। इधर मेरे एक नामराशि किन्तु यादव शोषित संघ की ओर से विधानसभा के उम्मीदवार थे। दोस्तों को भ्रम हो गया मेरे विषय में। निवारण किया। पाण्डेय जी बी.ए. में मुझे 'कल्चर' पढ़ा चुके हैं। सहज विनोदी; छात्र-सख्य तथा निरहंकार मानुष हैं। बड़े स्नेह से मिलते हैं।

इधर 'प्रसाद जी के मानवतावाद' अथवा जीवन दर्शन पर निबन्ध लिखने का विचार उठा। पिछले साल ही 'कामना' और 'कामायनी' की छानबीन करते समय उठा था परन्तु दबा दिया। अब ज़रूर लिखूँगा। वर्मा, रामनरेश जी जो आजकल मेरे पड़ोसी हैं, उनसे 'इरावती' ली। पढ़ गया। बड़ी प्रौढ़ कृति लगी। प्रसाद-शैली के गठे गद्य की पराकष्ठा है। हमारे स्वर्गीय केशव जी भी इसी वर्ग के थे। शब्द-शिल्पी तथा रुचिर-गद्य लेखक।

कॉलेज। मौजीलाल जैन, क्लर्क ने बताया कि आपकी फेलोशिप का रुपया पहली तारीख से पहले नहीं मिल सकता। पुस्तकालय। पण्डित जी के हाथ 'पृथ्वीराज विजय' पुस्तक देखी। बोले—'बिना देखे ही रामकुमार वर्मा ने लिख दिया है कि अभी यह छपी नहीं है जबकि इसके 3 संस्करण हो चुके हैं।' ओझा जी तथा गुलेरी जी का सम्पादन है। पण्डित जी पटना वाले निबन्धों में बुरी तरह व्यस्त हैं। मुंशी देवी प्रसाद द्वारा अनूदित 'जहाँगीरनामा' देखा। सालभर पहले डॉ. रामविलास के लेख में इसका हवाला देखकर समझा था कि उन्होंने मूल पढ़ा है। मित्र-वत्सल रायकृष्ण दास द्वारा प्रकाशित ख़य्याम की रुबाइयों का मैथिलीशरण गुप्त कृत सचित्र अनुवाद देखा।

रात में जेम्स ऐटकिन द्वारा संकलित 19वीं सदी की अंग्रेज़ी डायरी पढ़ता रहा। श्रीमती शेली तथा वाल्टस्कॉट की डायरी ने बहुत प्रभावित किया।

24 जनवरी, 1952 : बृहस्पतिवार

सुबह से ही प्रसाद जी वाले लेख की सामग्री जुटाता रहा। 'कामायनी' को नये सिरे से पढ़ गया। पण्डितों ने नाहक प्रसाद जी के जीवन दर्शन को शैवागमों की आतंकवादी चारदीवारी में क़ैद कर रखा है। छुड़ाना है। आज वह निबन्ध शुरू करते-करते रह गया।

25 जनवरी, 1952 : शुक्रवार

आज सुबह से ही जवान बूढ़े ग़ालिब ने सारा समय ले लिया। उर्दू के तमाम शायरों से वह अलग लगे। गुरबत की मजबूरी और दर्द ने शराबे इश्क़ को अजब-सी तेज़ी ला दी है; तीखी मिठास या मीठी कड़वाहट। कीट्स बार-बार हर लाइन में याद आया। मार्क्सवाद का मर्म समझाने पर ग़ालिब को अधिक पसन्द कर सका हूँ। निस्सन्देह मार्क्सवाद किसी भी कलाकृति के समझने तथा रसास्वादन करने में सबसे अधिक सहायक हो सकता है।

26 जनवरी, 1952 : शनिवार

गणतन्त्र पर्व। दिन के आरम्भ में कोई नवीनता नहीं। डॉ. श्रीकृष्ण लाल की 'आधुनिक हिन्दी साहित्य' पुस्तक उलटने लगा। विरोधाभास तो देखिए कि द्विवेदीयुगीन मनोवृत्ति तथा मध्ययुगीन संस्कार वाला व्यक्ति छायावाद तथा आधुनिक गद्य के रूपों पर विचार करता है। वे आत्मा तक पहुँच ही नहीं पाये। छन्दों पर पढ़ते देखा कि हरिऔध ने भी 'सॉनेट' लिखे थे 'रोला' में पर 'कपुलेट' 38 मात्रा का उल्लाला रखते थे। शास्त्री जी ने भी तो 'रोला' ही चुना है। हिन्दी के 'सॉनेट' अच्छा लेख का विषय हो सकता है। इसी सिलसिले में सोचा प्रसाद के नाटकों के गीतों का संग्रह करके एक स्वतन्त्र पुस्तक तैयार की जा सकती है और उस पर लिखा भी जा सकता है। डॉ. लाल ने छन्दों पर कुछ ठिकाने का लिखा है।

डॉ. लाल की पुस्तक से 'गद्यशैली' पर कुछ नोट लिया। 'मानस' अयोध्याकाण्ड से देसी शब्दों की सूची बनायी। 'सन्देश रासक' के ठेठ अपभ्रंश तथा देशी शब्दों का चयन किया और 'कीर्तिलता' में हाथ लगाया।

27 जनवरी, 1952 : रविवार

शास्त्री जी की डायरी सुनी। 'अरथ अमित अति आखर थोरे'। छोटे-छोटे वाक्य। उन्होंने बताया, जेन ऑस्टिन अपने को मिसेज़ क्रैब कहा करती थी और यह उसकी डायरी से पता चला। कारण, वह क्रैब के यथार्थवाद पर फ़िदा थी। एक रोमानी युग में रहते हुए भी वह यथार्थवादी रहा। बड़ी बात है। टहलते हुए 7॥ प्रातः छात्रावास पर आया। इधर कई दिनों से कविताओं की गूँज मन में थी। टालता जा रहा था। आज न टाल सका। तीन सवैये लिखे। और लिखता कि विष्णुचन्द्र ने आकर बाधा दी। सम्मेलन का पत्र टाइप करने के लिए उसे दिया और टाला। आज अपराह्न में देर तक सो गया। व्यायाम भी सुबह न कर सका। दिवास्वप्न ठीक नहीं। विलक्षण पहाड़ों के बीच रूमानी स्वप्न देखा। आज कुछ पढ़ न सका। सारा दिन बह गया।

5 बजे शाम शास्त्री जी के वास पर। सवैये सुनाये। प्रायः मेरी रचनाओं के प्रथम श्रोता वही रहे हैं। 'इन सवैयों ने सवैया का इतिहास ही बदल दिया'—वे बोले। संयम से ही ऐसी रचनाएँ पैदा होती हैं। ठाकुर-गृह की ओर। राह में केजरीवाल की उस दिन की बात पर विचार। उन्होंने सुझाया कि 'काशी की हिन्दी' शीर्षक निबन्ध लिखकर प्राचीन परम्परा से दिखलाओ कि काशी की भाषा का आदर्श क्या रहा है?

29 जनवरी, 1952 : मंगलवार

बातों-बातों में पण्डित जी ने कहा कि मुझे इतिहास की ऐसी पुस्तक ला दो जिसमें 11-12 सदी के राजपूतों का इतिहास हो। बात गहड़वालों पर आयी। बोले—ये दक्षिण से आये थे क्योंकि यहाँ उन्होंने जितने दान दिये सब दक्षिणी ब्राह्मणों को। उत्तरी ब्राह्मणों को एक भी नहीं। इसके सिवा, अपभ्रंश आदि को आश्रय न देकर केवल संस्कृत को ही बढ़ावा दिया। फिर 'ताम्बूलद्वय...' की हँसी उड़ाते रहे और यह कहते जाते थे कि 'तुम गहड़वाल हो न?'

पण्डित जी ने कहा कि 'उक्ति व्यक्ति प्रकरण' के लिए मुनि जी के पास आज लिख दूँगा। छप गयी है, प्रकाशित नहीं हुई है। हरिमोहन ब्रोचा में विष्णुस्वरूप के कमरे में बैठे थे। पण्डित जी को इतिहास की पुस्तक देकर वहाँ गया।

छात्रावास। शाम 7 पर पण्डित जी के पास रासो लेने। प्रिंसिपल त्रिपाठी बैठे मिले। ठिठक गया। उन्हें पहुँचाकर लौटे तो जमे। खिन्न थे। डॉ. शर्मा तथा विश्वनाथ जी की शिकायतों की पीड़ा बढ़ जाती है जब शान्तिनिकेतन हो आते हैं। यह विरोधाभास? उन्होंने बताया कि वर्मा, रामनरेश जी की शादी होने जा रही है 22 फ़रवरी को। फिर पूछा– 'तुम्हारी शादी हो चुकी है?' मैंने कहा, 'कभी की!' बोले, ''तब तुम्हारा 'ब्याव' हुआ है! 'और ब्याह-शादी के भेद की अन्तःकथा बतायी। किस प्रकार शान्तिनिकेतन में मोहन लाल वाजपेयी ने सिख कन्या सुदर्शना से सिविल मैरेज की और उनके मस्त मामा आशीर्वाद देने आये और बोले–'शादी तो तुम्हारी हुई है; हम लोगों का तो 'ब्याव' हुआ था।' इस अन्तर्जातीय विवाह पर पण्डित जी ने कण्व का यह वाक्य कहा था–'दिष्ट्या, धूमाकुलितदृष्टेरपि यजमानस्य पावक एवाहुतिः पतिता।'

समूचा 'रासो' तथा एक थीसिस लाद कर पैदल ही छात्रावास आया। पसीना हो आया। बाँहें फटने लगीं। परन्तु विद्या के भार का सुख अनिर्वचनीय था। पढ़ा। सोया।

30 जनवरी, 1952 : बुधवार

4॥ प्रत्यूष पर ही नींद खुल गयी। स्वप्न में शान्ता से भेंट हुई थी। 'स्विच' ऑन की। रोशनी न थी। मन में सवैये की गूँज थी। खिड़की के पास बैठा उषा आगमन की प्रतीक्षा में मौखिक ही सवैये गढ़ने लगा। दो भिन्न भावों और स्थलों की चीज़ें साथ लिखीं। सुबह होने पर काग़ज़ पर उतारा। प्रत्यूष की प्रतीक्षा कितनी मधुर होती है। रवीन्द्रनाथ याद आये और याद आया उनका वाक्य–'प्रतिदिन उषाकाल में अन्धकारमयी रात्रि के तीर पर मैं इसी आशा से स्तब्ध होकर खड़ा हुआ हूँ कि इस महान सत्य को उपलब्ध कर सकूँगा : यत्ते रूपं कल्याणतमं तत्ते पश्यामि।' मेरे प्राण प्रसन्न होकर पुकार उठते हैं–

'काह्येवान्यात् कः प्राण्यात् यदेष आकाश आनन्दो न स्यात्।'

आज 'बापू' का महापरिनिर्वाण दिवस है। पण्डित जी आज मौन रहते हैं। रवि बाबू के निर्वाण-दिवस पर भी ये प्रायः शान्त रहते हैं उपवास तथा अनध्याय आचरते हैं। मैंने थोड़ी देर तक बापू का ध्यान किया फिर अध्ययन में लगा।

5 फ़रवरी, 1952 : मंगलवार

सिविल लाइंस। नेमि की दुकान। सर्वेश्वर मिले। भारती को बहुत खोजा गया पर न मिले। पैदल ही शमशेर-वास पर। सर्वेश्वर—नामवर, तुम्हें मेरी कविताएँ कैसी लगती हैं?

'दो अगर की बत्तियाँ' और Rythm पर बात।

अज्ञेय उसे यति-नियन्त्रित गद्य मानते हैं, गंगा प्रसाद पाण्डे वाहियात। शमशेर को उसमें कुछ लय का आभास मिलता है तथा नेमि तो उसे एकदम छन्दोबद्ध सिद्ध कर सकने को तैयार। विचारों के छोर देखता रहा। क्या कहता! नेमि और शमशेर में छन्द-परिज्ञान इतना घुला-घुला है कि वे अख़बार की हेडलाइनों को भी उसी ढंग से पढ़ सकते हैं और बोल तो अक्सर पड़ते हैं : पद्य पद्य।

14, स्टैनली रोड पहुँचे कि नरेश, शमशेर के साथ एक नये गोरे-चिट्टे अधेड़ सूटेड-बूटेड सज्जन दिखे। सभी कविता के मूड में थे। दो मिनट बाद समझ में आ गया कि नरेश ने 'समय देवता' खोल दिया है। लगा कि उन सज्जन का चित्र कहीं देखा है; मन के चित्र को नाम संबलित करूँ-करूँ कि शमशेर बोल पड़े : ये हैं कवि केदार।

परिपाटी विहित परस्पर परिचय जो मुझे बेहद व्यर्थ लगता है। पहले ही परिचय में केदार बहुत प्यारे और खुले हुए लगे। बनावट इस आदमी में कहीं नहीं है। वकालत का गुमान है और वह अपनी मेहनत के कारण। कई क़िस्से सुनाये। नोकवती नासा, खुली खिली धवल दन्त पंक्तियाँ, गिनी-चुनी झुर्रियाँ, अपनी जगह अँगूठी : कविताओं की सादगी और दृढ़ता तथा उन्मुक्तता के साथ सम्बन्ध स्थापित करने का प्रयत्न करता रहा। बोला नहीं या बहुत कम।

पीछे नरेश के पास कार्ड में 'समय देवता' पर केदार की चेतावनी देखकर और प्रभावित हुआ—प्रयोगवाद से बचने की सांकेतिक चेतावनी। भोजन बाद केदार चले गये।

प्रगतिशील समीक्षकों पर केदार का मत सुना। अमृत आदि उदारपन्थी उन्हें रामविलास का साथी समझकर लखनऊ-बैठक में खिंचे-खिचे दुराव लिए मिले। चौहान ने बिना पढ़े ही 'मानव आत्मा के शिल्पियों से' वाले लेख में केदार को अप्रसंग गाली दी है। यह उन्हें खटका।

केदार की फौलादी दृढ़ता को हृदय की उन्मुक्तता आकर्षक ऋजुता और कोमलता देती है : दृढ़ कोमलता (पेशियों की)।

7-8 फ़रवरी, 1952 : बृहस्पतिवार/शुक्रवार

जितेन्द्र के साथ भारती-गृह। आर्यसमाजी माँ। भारती का कलात्मक अध्ययन गृह। झीने परदों की ओट में चुनी हुई पुस्तकें। सोने की चौकी नौकानुमा। चित्रित कलश। धूपदान। मृगछाला। सुन्दर चित्र। वातावरण रूमानी। भारती की रचनाओं का रहस्य समझ में आया।

भारती से 'अज्ञेय' पर बातें। 'आलोचना' में छपी चौहान की सम्पादकीय टिप्पणी को लेकर। चौहान ने 'प्रतीकवाद' और 'प्रयोगवाद' में घपला किया है। भारती को चौहान की समीक्षा अज्ञानपूर्ण तथा ओछी लगी। बात आयी कि अज्ञेय पर विस्तार से लिखा जाय। मैंने मन-ही-मन संकल्प किया।

भारती—"तुम्हें केस्टलर की चीज़ें कैसी लगती हैं?" मैं—"केवल एक पढ़ी है। 'darkness at moon' और मोहक शैली के आवरण में विष है।"

भारती—"भई, मुझे तो बेहद प्यारा लगता है। वात्स्यायन जी उस पुस्तक का हिन्दी अनुवाद चाहते हैं। मेरे पास तो मौलिक रचना के कारण फ़ुरसत नहीं है। कोई आदमी हो तो बताओ।"

संकेत समझा। साफ़ कहा—"भई, मैं इस कार्य में कोई मदद नहीं कर सकता।"

चुप्पी! भारती अपने कॉलेज गये। मैं जितेन्द्र के घर फिर प्रेस।

10 फ़रवरी, 1952 : रविवार

9॥ सुबह। हम लोग यानी नरेश, शमशेर और मैं चाय पी ही रहे थे कि माताबदल जायसवाल और भोलानाथ तिवारी आये। बैठे। चाय मँगवायी। चुस्कियाँ लेने लगे। बातें। भाषा-विज्ञान पर चलीं। नरेश ने शमशेर को ऊबते देख विषय बदला। पर आगन्तुक नये मुल्ले थे। माताबदल व्यवहार-ज्ञान शून्य कोरे दिखे। आँखों में थोड़ा ऐब है। ऐंचा देखते हैं। बाहर तक पहुँचाया।

चाय समाप्त होते न होते नेमि आये। पी-पाकर कवि-मण्डली भीतर जमी। मौसम में बादल घुले थे। नहूसत, नमी और बोझिलता। कविताओं के साथ मेल ख़ूब बैठ रहा था।

सबसे पहले नेमि। कई सुनायीं। लम्बे वाक्य। दूर प्रसारी उपमा। पुरानापन। उलझी संवेदना। फिर नरेश—वही चित्रों की लड़ी। नरेश के कृत्रिम समास-रूपक भाषा ही नहीं भावों के बोध में भी रोड़े अटकाते हैं। मैंने सवैये सुनाये। लोग पहले ही से बोर हो चुके थे। चीज़ें धँसती न दिखीं। बन्द किया। पीछे शमशेर ने सूझबूझ भरा रिमार्क दिया—एक बार केवल एक कवि की कविता होनी चाहिए। नेमि मेरे सवैयों के प्रयोग से प्रीत दिखे। बोले—प्रयोग तो सचमुच आपने किया है। कौन कह सकता है कि सवैयों का भविष्य नहीं है।

3॥ पर भोजन। कवियों पर नौकर झल्ला रहा था मन-ही-मन। प्र. ले. सं. की बैठक में डेढ़ घण्टे लेट। मैं उधर से ही गाड़ी पकड़ने की तैयारी करके। भैरवप्रसाद गुप्त का स्थान। उपस्थिति विरल देखी। उठ आया। रामबाग। चन्द्रग्रहण की सुहानी रात पीता हुआ उ.प्र. कॉलेज।

13 फ़रवरी, 1952 : बुधवार

सुबह ने भावी दिवस की उत्फुल्लता का आभास दिया। 11 पर सेंट्रल ऑफ़िस गया। इतने दिनों की रुकी फेलोशिप के 600 रुपये मिले। उत्साह जागा, विश्वास जागा। मार्क्सवाद का तत्त्व समझ में आया। पढ़ाने में भी जी लगा। छात्रावास आया। देसाई जी को मेस का बकाया चुकाया। प्रयाग

की गाड़ी के लिए स्टेशन। देर हो चुकी थी फिर भी दिन का आरम्भ भला था तो अन्त कैसे बुरा होता। चलती गाड़ी पकड़ी।

प्रयाग उतरकर रिक्शे से स्टैनली रोड चला कि चौराहे पर दो जनों के साथ सर्वेश्वर थे। पुकारा उन्होंने। साथ के लोगों का परिचय। ''आप श्री अजित कुमार सिन्हा, श्रीमती सुमित्रा कुमारी सिन्हा के सुपुत्र। अच्छे कवि और प्रतिभासम्पन्न छात्र। एम.ए. (प्रीवियस) हिन्दी में दूसरा स्थान। इस वर्ष प्रथम होने की सम्भावना क्योंकि परम्परा यही है।''

देखा। कैशोर सुकुमारता : आँखों पर रंगीन चश्मा। उलझे सुन्दर बाल। मुख पर अभी बाल नहीं आये हैं शायद। वचन में वय की चंचलता, पर उससे अधिक चातुरी।

और आप ''हिन्दुस्तान-कहानी प्रतियोगिता में सर्वप्रथम आने वाले श्री ओंकारनाथ–रिसर्च स्कॉलर अर्थशास्त्र में। कवि भी हैं।''

सर्वेश्वर की ज़बान रुकी और काली शेरवानी तथा पायजामे में एक क्षीणकाय युवक को प्रणाम करते पाया। वय से अधिक के लगे। चेहरे पर ज़माने की मार तो नहीं, पर पुस्तकों के थपेड़े ज़रूर हैं। अजित की-सी स्निग्धता नहीं, कठोरता है।

तो ये हैं 'बाली-बुन्दो' के लेखक ओंकारनाथ जिनकी कहानी पिछले वर्ष पण्डित जी के पास आयी थी और मुझे पण्डित जी ने देखने के लिए बुलाया था। सर्वोत्तम तो नहीं पर तीन उत्तम में से एक चुना था और शायद दूसरा स्थान दिया था। ओ' हेनरी की Gift of Magi की छाप है पर तब यह ध्यान न आया।

दोनों का आग्रह के.पी.यू.सी. चलने का। पहले विजयी (विजयदेव नारायण साही) के कमरे की ओर और फिर उसे न पाकर ओंकार के कमरे में। पहले खाना आया। कमरा फ़र्नीचर से सुसज्जित। बगल में अजित का कमरा। फिर गप्प। कविता पाठ शुरू। अजित ने 'धर्मयुग' में शेफाली वर्मा नाम से 'सुहाग रात' शीर्षक कविता भेजी थी, वही सुनायी। भली थी। फिर 'विज्ञापन'। यह उससे भी अच्छी थी। केदार से यह अधिक मौलिक और प्रौढ़ लगा। मैंने दो एक सुनाया–एक सर्वेश्वर, ओंकार फिर 'काफ़ी' की तैयारी और हम लोगों की तुकबन्दी–इधर से दूध आता है, उधर से काफ़ी आती है। फिर टाफ़ी, माफ़ी, साफ़ी आदि।

विजयी के कमरे में। काशी से प्रयाग आ गये विजयी पर डेढ़ वर्ष बाद भेंट हुई। पुरानी बातें उठीं। नव-संस्कृति-संघ के सिलसिले में किस प्रकार हम लोग प्रायः मिलते थे और अपने एक से विचारों द्वारा शम्भूनाथ जी को आतंकित किये रहते थे। फिर साही ने अपनी वह डायरी निकाली जिसमें गंगानाथ प्रसाद पाण्डेय, भारती, सर्वेश्वर, केशव, गिरिधर, शम्भूनाथ, महेन्द्र तथा मेरी भी प्रारम्भिक कविताएँ नोट कराई थीं। उसे लेकर काफ़ी मज़ाक़ होता रहा।

स्टैनली रोड उस रात न जा सका। ओंकार के ही कमरे में सोया। विजयी ने अजित-ओंकार को अश्विनीकुमार कहा।

14 फ़रवरी, 1952 : बृहस्पतिवार

सुबह उठते ही कमरे से बाहर निकला तो दूसरी ओर के निचले तल्ले से 'कवि जी', 'कविजी प्रणाम' का स्वर आया। चौंका। कवियों की कमी नहीं फिर भी उ.प्र. कॉलेज में अपने लिए यह सम्बोधन सुनने का इतना आदी हो गया था कि सहज ही उन्मुख हो गया। देखा तो मोटे शिवशंकर सिंह थे जो पिछले वर्ष उ.प्र. डिग्री कॉलेज में थे। आये भी। साग्रह कमरे में ले गये। दातून की। दाढ़ी बनवायी। जलपान भी किया। जातीय कॉलेज का सहज बान्धव प्रेम देखकर हृदय भर आया। हर जगह के पकवानों से भी यह मधुर लगा।

फिर ओंकार के कमरे में लौटा। चाय तैयार थी। विजयी को भी बुला लिया गया। विजयी में इधर व्यंग-विनोद की मात्रा बढ़ गयी है। 'गुलीवर की चौथी यात्रा' शीर्षक से उसने 'आलोचना-शिक्षण-शिविर' की मज़ेदार कहानी लिखी थी जिसमें डॉ. रामविलास शर्मा दल के समीक्षकों पर फ़बतियाँ थीं। बात जी को चुभी। सिलसिले में मुझे विजयी ने 'स्टीफेन स्पेंडर' कहा। कहते तो आ रहे तीन साल पहले से लेकिन उसका मर्म आज समझाया कि जिस तरह वह मूलतः लिबरल था और कम्युनिज़्म की ओर आकृष्ट होकर भी छह महीने बाद ही लौट आया उसी प्रकार मैं भी लौट आऊँगा। हँस कर टाला। बतबढ़ाव से लाभ न था।

स्टैनली रोड। पहुँचा तो समाँ और ही दिखा। भोजन-गृह में दो चारपाइयाँ लगी थीं और दो नेपाली सज्जन विराजमान थे। शमशेर के कमरे से चारपाई ग़ायब थी।—ज़मीन पर बिस्तरा लगा था और एक बच्ची सहित चौबीस-पच्चीस की महिला अधलेटी थीं। सोचा, अजित-ओंकार के यहाँ रात बिताकर अच्छा ही किया। नरेश थे और दफ़्तर की तैयारी कर रहे थे, शमशेर ग़ायब थे। पन्द्रह मिनट में ही आ गये। महिला से परिचय हुआ। 'आप उदिता जी—मेरी ममेरी बहिन, जबलपुर में रहती हैं।' 'आप त्रिलोचन के ही समान मेरे दोस्त और भाई ना...'

उदिता जी को भाँप तो पहले ही गया था एक तो शमशेर ने काशी आगमन के समय रिक्शे पर बतलाया था—गंगा तट दशाश्वमेध भी। त्रिलोचन जी ने भी रहस्य खोला था। शमशेर के यहाँ उनका एक निराशामूलक लिफ़ाफ़ा पड़ा देखकर पिछली बार पढ़ भी लिया था।

उदिता गोरे रंग की मँझोले क़द वाली महिला हैं। चेहरे पर चेचक के हल्के दाग; आँखों में भी चेचक की ही वजह से शायद थोड़ा-सा विकार आ गया है। दाँत धवल, अविरल और किसी माने में आकर्षक। गर्दन बिल्कुल सीधी स्वाभिमानिनी-सी। इन्हें देखकर मुझे शमशेर की उस चित्रगत सौन्दर्य सम्बन्धी धारणा का रहस्य मालूम हुआ जिसके द्वारा पिछली बार नरेश को समझा रहे थे कि मुझे किस प्रकार की गर्दन पसन्द है! बुर्जुआ महिलाओं की थोड़ी आगे झुकी गर्दन उन्हें पसन्द नहीं।

उदिता की गोद में चपल लड़की रजनी—रजनीगन्धा है। उम्र कोई दो-ढाई साल। प्रथम परिचय में ही उदिता frank लगीं। साथ भोजन। निस्संकोच। बाद में शमशेर ने बताया कि यह दुहरे संस्कार का फल है। एक तो जाट दूसरा पिता की अंग्रेज़ियत—बीच-बीच में अंग्रेज़ी के शब्द—भले लगते थे। चिन्ता की हल्की रेखाएँ माथे पर। खाना कम खाया।

शमशेर दफ़्तर में। मुझे उदिता ने रोक लिया अपनी उदासी और एकान्त दूर करने के लिए। मुझे प्रेस जाने में देर हो रही थी पर रुकना पड़ा। बातें—बिल्कुल मध्यवर्गीय मानसिक ग्रन्थियों सी भरी—जैसे अज्ञेय की कविता हो, नहीं शमशेर की। नारी बिल्कुल abnormal लगी। दंग रहा। सारा भेद उन्होंने खोला।

माँ बीमार है। पति से नहीं पटती या उनके सामने झुकना नहीं चाहती। रुपयों की ज़रूरत है। यहाँ उसी लिए आयी हैं। शमशेर दौड़ रहे हैं पर जुटा नहीं पा रहे। इसी चिन्ता से वे कई बार आत्महत्या का निर्णय कर चुकी थीं पर शमशेर के पत्र ने उबार लिया। शमशेर का वह पत्र भी उन्होंने दिखलाया। मैंने साहस और धैर्य के साथ पूछा कितना रुपया चाहिए–"यही तीन सौ!"

एक सेकंड विचार और तुरन्त उत्तर–"आप निश्चिन्त रहें। मैं दूँगा।"

"लेकिन कब तक?"

"कल तक!" "ठीक, आज तो नहीं कल शाम बनारस जाऊँगा और परसों सुबह आपके हाथ पर रुपया रख दूँगा।"

बात पक्की हुई। प्रेस गया। फेलोशिप के रुपयों की सार्थकता देख सन्तोष हुआ। आवश्यकताएँ मुँह बाये खड़ी थीं लेकिन शास्त्री जी के सॉनेट में सिडनी का वह वाक्य याद आया–"तेरी आवश्यकता मेरी आवश्यकता से बढ़कर है।"

प्रेस में आज रोज़ से भी मन अधिक लगा। पुस्तक का शेषांश लिखा, प्रूफ़ भी देखा।

शाम। याद आयी सहपरिमल की बैठक। समय 5॥ था। अजित-ओंकार का न्योता। ठीक समय पहुँचा। स.ही. वात्स्यायन, भारती, साही, जगदीश गुप्त, गोपेश आदि जमे थे। पन्त जी आधे घण्टे बाद आये। पहले जलपान। फिर कार्यक्रम। पहले कहानी-पाठ–एम.ए. का एक पंजाबी छात्र। कहानी शिथिल। पढ़ने का ढंग ऊब भरा। ओंकार का निबन्ध–अशोक वन पर। निबन्ध पर विचार देने के लिए मुझसे कहा गया। तुले विचार दिये। भारती भी बोले। पन्त जी। अन्त में अज्ञेय ने आधुनिक कविता पर वही सब कहा जो लिखते रहते हैं।

गोष्ठी समाप्त। छात्र और युवकजन वात्स्यायन को घेरे रहे। हाथ में 'प्रतीक'। और 'तीसरे सप्तक' की सम्भावित योजना। पन्त जी ने मुझसे कहा–"सुना, आप हफ्तों से प्रयाग ही हैं और रोज़ प्रतीक्षा करता हूँ कि आज आयेंगे पर नहीं आये आप!" स्वर समझा–आगामी कल समय माँगा। 9॥ पर आधे घण्टे के लिए मिला। विदा।

रात शमशेर के यहाँ भोजन। दास के यहाँ शयन। रात भर अपभ्रंश वाली पुस्तक की indexing करता रहा। 1 बजे सोया। बीच में महादेव भाई आ गये तो बातें भी हुईं। अमृत और दास से भी।

शेष

नेपाली नेता टंक प्रसाद से परिचय। किताब महल के मालिक से भटनागर और मानव पर बातें। उसका काँइयाँपन देखा। नर्मदेश्वर जी की चाटुकारिता भी देखी। वहीं एक अत्यन्त साधारण तथा क्षीणकाय अनाकर्षक उपेक्षणीय प्राणी बैठे थे। जब चले गये तो मालूम हुआ कि नागार्जुन जी हैं। कसक हुई।

15 फ़रवरी, 1952 : शुक्रवार

सुबह सरोज ने चाय बनायी। बुलाया। बैठे कि नागार्जुन आ धमके। बाहु खोल, वक्ष फैलाकर मिले। बातें। लेखक सम्मेलन के लिए न्यौता। स्वीकृति। बिना भोजन पन्त जी से मिलने। सोल्लास मिले। छन्द-विधान, भाषा-विज्ञान, समीक्षा आदि पर बातें। आधा घण्टा समय दिया था उन्होंने और बातें करते रहे डेढ़ छण्टे तक।

शाम। शमशेर के साथ रामबाग, बनारस के लिए। तृ. का टिकट लिया कि गार्ड शाही जी मिल गये। बोले—"जाओ टिकट अभी फेरो और इण्टर में बैठो।" किया वैसा ही। नर्मदेश्वर जी स्टेशन तक पहुँचाने आये थे। गाड़ी में शमशेर और मैंने प्रूफ़ देखा। 10। बजे रात कैंट, बनारस। विश्वविद्यालय। कमरे में तीन मिनट। 300 रुपये लिये। उल्टे पाँव वापस। भोजन नहीं किया। स्टेशन के पास अमृत होटल में 12॥ बजे टोस्ट और कॉफ़ी। गाड़ी 3 घण्टे लेट। शनि 8॥ बजे प्रयाग। ज़िन्दगी का एक उत्फुल्लदायक अनुभव।

22 फ़रवरी, 1952 : शुक्रवार

दोपहर को कॉलेज गया। 'अज्ञेय' के विभाग में पधारने की सूचना मिली। आये। एम.ए. कक्षा में छोटा-सा भाषण दिया। वही पुरानी युक्तियाँ। पहले उन्होंने प्रश्न माँग कर चतुराई की। मैंने भी पण्डित जी के आग्रह पर कुछ पूछ दिया। भाषणोपरान्त चाय गोष्ठी। परिमल पर्व में मुझे प्रयाग जाना था।

पण्डित जी तथा अज्ञेय भी उसी गाड़ी से जाते दिखे। लिहाजा मैं भी साथ हो लिया। कार रायकृष्ण दास की थी और राय आनन्द कृष्ण चला रहे थे।

स्टेशन। टिकट लेने का प्रश्न आया। श्रेणी का प्रश्न? "इण्टर या सेकण्ड?" मेरा प्रश्न। "सेकण्ड तो नहीं ही, इण्टर भी लिया जाय यह विचारणीय है।" अज्ञेय बोले। मैं चौंका। मध्यवर्गीय स्नॉबरी यहाँ नहीं है क्या? तीनों के टिकट के दाम अज्ञेय ने ही दिये, क्या स्वयं टिकट लिए। अज्ञेय के हाथ रवीन्द्रनाथ की 'चित्र लिपि' पुस्तक देखी जो राय साहब की थी।

गाड़ी में पहले आम के बौरों के रंगभेद से जातिभेद की चर्चा और फिर नयी कविता के छन्द विधान पर प्रयाग तक जमकर विचार। अज्ञेय सैद्धान्तिक संकेत करते थे और मैं स्वयं उनके, शमशेर और त्रिलोचन के उदाहरण देकर बोल रहा था। पण्डित जी तटस्थ पर ध्यानस्थ थे और बीच-बीच में मेरी युक्तियों की पुष्टि कर देते थे। बात अविरामान्त पद्धति तथा हिन्दी में अंग्रेज़ी की स्वरपात योजना को लेकर चल रही थी। मैंने उनकी कविता 'मोर बोला नदी तट' सुनायी। उन्हें याद न थी–बोले, आपने दो कविताएँ एक में मिला दी हैं। मैं अडिग था। बाद में उन्होंने भूल महसूस की। 'अकेली न जैयो राधे' कविता के द्विविध छन्द योजना के विषय में मैंने सवाल किया जिसे उन्होंने स्वीकार किया। त्रिलोचन के सॉनेटों की अविरामान्त पद्धति को वे सफल नहीं मानते। नवीन छन्दों की इकाई देखकर उन्हें पुराने नामों से पुकारने का उन्होंने विरोध किया। प्रयाग से अपने-अपने वास।

1 मार्च, 1952 : मंगलवार

लगभग 6 वर्ष बाद हावड़ा स्टेशन। कोई विशिष्ट परिवर्तन नहीं। प्लेटफ़ॉर्म पर एक सिपाही ने अटैची दिखाने की आज्ञा दी। दिखा दी। ताना भी दिया : 'एक रिवॉल्वर और कुछ गोलियाँ हैं!' गुरमुसाता हुआ वह आगे बढ़ा। मैं प्लेटफ़ॉर्म से बाहर आया। ट्रामों और बसों का अभ्यास न था। पैदल ही चल पड़ा बड्डू बाज़ार। आश्चर्य है कि बिना किसी से पूछे पुरानी स्मृति के बल

पर 13 नम्बर पर पहुँच गया। राय साहब थे नहीं, याद आया कि सदा की तरह गंगा स्नान के लिए गये हैं। आये। पहचान लिया। अब वे सपरिवार रहते हैं। बच्चे भी हैं। पिछली बार जब हम लोग (शम्भूनाथ जी साथ थे) आये थे तो विधुर थे। स्नान, भोजन पान। घर का जमाया दही अच्छा था। जगह की कमी देख मन बिदका।

वहीं फ़ोन से पत्रिका दफ़्तर पुछवाया कि पार्क सर्कस मैदान में जो 'शान्ति सांस्कृतिक सम्मेलन' हो रहा है उसके विषय में आवश्यक ज्ञातव्य बातें—कार्यालय आदि सम्बन्धी बता दें। निराश होना पड़ा। राय साहब के दफ़्तर के बंगाली क्लर्क ने ग़लत ख़बर दी। मुझे 46 धर्मतल्ला मालूम था लेकिन उसने 36 धर्मतल्ला बताया। ट्राम से पार्क सर्कस। 11 बज रहे थे पण्डाल बन रहा था। 46 धर्मतल्ला आया। दफ़्तर में भीड़ थी। लोग कार्यव्यस्त थे। मैंने पूछताछ की। बनारस से कोई पत्र नहीं आया था। पूरे यू.पी. से भी कोई समाचार न था। डॉ. मुल्कराज के निबन्ध की छपी कॉपी और टाइप किये हुए संक्षिप्त कार्यक्रम को लेकर लौटा। काफ़ी खोजने पर सूरजमल नागरमल भवन मिला। सुमेर स्टेशन गये थे। प्रतीक्षा डेढ़ घण्टे की। दरबानों के बीच बैठा रहा। अन्त में एक तिवारी जी आये और 12, डलहौजी पहुँचा गये जहाँ देश के कई आदमी मिले।

एकदम छत के ऊपर टिन की शेड वाले दो छोटे-छोटे कमरे। मेरे लिए पहले ही से वहाँ धुली-धुलाई चादर बिछा तख़्त पड़ा था। रामसुमेर ने सारा प्रबन्ध पहले ही से कर लिया था। स्वागत करने वालों में नन्द किशोर सिंह मुख्य थे। ये कैथी के ठाकुर हैं। पिछले 12 वर्षों से यहाँ दरबानी कर रहे हैं। व्यवहारकुशल, मिठबोल, धीमान, पैनी निगाह वाले, साक्षर मात्र परन्तु ग्रेजुएटों को चराने वाले, दो टूक बात करने वाले। उस क्षयग्रस्त कायावाले व्यक्तित्व में जाने क्या था कि मैं प्रभावित हुए बिना न रह सका। थोड़ी देर बाद रामसुमेर, सुधार तथा रामकरन तिवारी स्टेशन से आ गये। मैंने उन्हें बनारस एक्सप्रेस से आने की ख़बर दी थी मगर आ गया उससे 5 घण्टा पहले ही। रामकरन तिवारी फ़ैज़ाबाद के पास के रहने वाले हैं। उनके बाबा सूरजमल नागरमल में दरबान हैं और वे स्वयं सिटी कॉलेज में बी.कॉम. में पढ़ रहे हैं। सुधार ने दही का शर्बत बनाया। पीकर सोया। और लोग अपने-अपने काम पर गये। शाम को रामकरन और रामसुमेर के साथ पार्क सर्कस।

लम्बा पण्डाल। पण्डाल क्या था जैसे ठोस हॉल। तिरंगी छटा। बिजली और पंखे का प्रबन्ध। नीला मंच, पीली पीठिका। पर्दा हटा और कबूतरों की उड़ती हुई V इस आकार की पाँतों के बीच पिकासो का शान्त पारावत बैठा दिखा। हीरेन मुखर्जी ने बँगला में स्वागत किया। झबरे बालों वाले सरदार जाफरी ने अंग्रेज़ी में घोषणा की। हीरेन मुखर्जी ने अंग्रेज़ी में अध्यक्ष तालिका उपस्थित करते हुए परिचय दिया और उपस्थित अध्यक्षों को बुलाया। प्रेक्षागृह में सामान्य दर्शकों के बीच से ज़मीन पर बैठे हुए पृथ्वीराज कपूर, कृष्णचन्द्र, मुल्कराज आनन्द, माणिक बनर्जी क्रमशः उठे और मंच पर गये। लोगों पर इसका प्रभाव पड़ा। पृथ्वीराज ने बँगला, अंग्रेज़ी और मुख्यतः हिन्दी में भाषण किया। मुल्कराज बोले। कृष्णचन्द्र ने कुछ पढ़ा। डॉ. सहफुद्दीन किचलू बोले। बाहर आँधी, वर्षा और भीतर पॉल रॉब्सन, हावर्ड फास्ट के रिकॉर्ड। अमरशेख का जन्मभूमि गीत। लहराता स्वर। रवीन्द्र कार्यक्रम।

2 अप्रैल, 1952 : बुधवार

सुबह नित्यकर्म के बाद दूध जलेबी। सुमेर के साथ 30 वरतल्ला बड़ा बाज़ार सरोज के पास। मिले। पहचाना भी। अच्छा-ख़ासा मकान। आख़िर मोतीचन्द राजा का है न! अब अधिकांश किराये पर। भीड़-भड़क्का बढ़ गया है। रहने की इच्छा नहीं हुई। सुनते हैं कलकत्ते का सोना बड़ा बाज़ार में है लेकिन सबसे गन्दा और घना बसा यही है। मारवाड़ी रहना और खाना नहीं जानते। मारवाड़ी रिलीफ़ सोसाइटी, देवनाथ लाल के यहाँ। सही-सलामत। थोड़ी देर तक अपना प्रभाव दिखलाते रहे। था भी। अपने यहाँ ठहराने का आग्रह करने लगे। लेकिन मकान देखकर लौट आया।

9॥ पर पार्क सर्कस। बाहर चन्द्रबली, आशाराम और भगवतशरण जी टहलते दिखे। मिले। स्वजनों को देखकर जी खिल उठा। प्रतिनिधि-चिह्न लिया। पण्डाल में घुसते ही देखा कि एक दुबला-पतला, नुकीली नाक वाला बादामी रंग का लम्बा आदमी अस्तव्यस्त रूप में—दस्ती में कुछ पत्रिकाएँ बाँधकर पीठ पर लादे व्याकुल-सा घूम रहा है। पूछने पर मालूम हुआ कि शायर मजाज़ हैं। विक्षिप्त जान पड़े। जी को धक्का लगा। एक जगह दो

मिनट से ज़्यादा नहीं बैठते थे। इधर डेलीगेट सेशन चल रहा था और उधर मजाज़ पॉल रॉब्सन के चित्र पर कुछ कारीगरी दिखा रहे थे।

प्रतिनिधियों का परिचय आरम्भ हुआ। नियाज़ हैदर पैंट-कमीज़ में। बाल खिचड़ी और इस कदर खड़े जैसे लड़ने को उतारू हों। फ़ोटो से अच्छे और कम भयानक लगे। कैफ़ी नाम की अपेक्षा युवक लगे। एकदम मदमाती लाल आँखें। धज में अलस जवानी। कुर्ता-पाजामा। सरदार जाफरी आज कुर्ता-पाजामे में थे। तब तक हमारे यू.पी. प्रतिनिधिमण्डल में कोई विशेष जन न थे इसलिए उसके अध्यक्ष आशाराम बने। परिचय के समय और लोग तो उदासीन से थे लेकिन डॉ. मुल्कराज आनन्द अधिक दिलचस्पी लेते दिखे और हर नवयुवक कवि और लेखक की ओर ध्यान देते थे यहाँ तक कि उड़ीसा के...पट्टनायक को उन्होंने दुबारा उठाकर देखा। परिचय समाप्त होते ही डॉ. मुल्कराज ने अध्यक्ष पद से अंग्रेज़ी भाषण पढ़ा। सरदार ने भी एक निबन्ध पढ़ा जो बहुत ही काव्यात्मक तथा ज़ोरदार था—उर्दू भाषा की उस सफ़ाई और ख़ूबसूरती पर दंग रहा।

थोड़ी देर बाद अत्यधिक लम्बे, दुबले तथा कृष्ण वर्ण के मामूली कुर्ता-धोती में एक सज्जन आकर कुर्सी पर बैठ गये जिनका नाम मानिक बैनर्जी है। कल रात उन्हें ठीक से न पहचान सका था। कृष्णचन्द्र भी मौजूद थे। कमीज़-पैंट, नाटा क़द, भरा-पूरा दुहरा शरीर, उड़ते से बाल।

थोड़ी देर बाद सरदार ने भगवतशरण जी को पन्त जी की एक कविता तथा सन्देश पढ़ने के लिए दिया। कविता इतनी स्वर्णरंजित और दुरूह थी कि रोक ली गयी। काफ़ी देर तक उस पर टीका होती रही। महादेवी जी ने कुछ भेजा था। तिखोनोव और नाज़िम हिकमत का सन्देश पढ़ा गया।

पानी बरसने लगा। 12। पर कॉन्फ्रेंस ख़त्म हुई। बीच में 2॥ घण्टे का अवकाश। मैं 4॥ पर पण्डाल में घुसा। अमृत स. सुधा मिले। 'हंस' का शान्ति अंक दिया। आनन्द कौसल्यायन भी दिखे। चित्रकार रामकुमार से बातचीत। नवयुवक, बादामी रंग; लम्बा छरहरा; चश्मा; पानरँगा दाँत; कैमरा; बड़ी देर तक पूछते रहे कि क्या लिखूँ और कैसे लिखूँ? सुबह सभी प्रतिनिधि 6 भागों में विभाजित कर दिये गये थे जिनके अध्यक्ष क्रमशः मुल्कराज,

अब्बास, गोपाल हाल्दार, आशाराम तथा दो जन और थे। मुझे चीन की येनान-क्रॉन्फ्रेंस बाद आयी।

4 अप्रैल, 1952 : शुक्रवार, कलकत्ता

सुधार के साथ 7। पर 16 हिन्दुस्तान पार्क—सुनीति बाबू के पास। मकान मिला। किसी प्रोफ़ेसर का ऐसा आलीशान घर यहीं देखा। ड्राइंग रूम उर्दू, फ़ारसी, अरबी, ग्रीक, ब्राह्मी, खरोष्ठी के नवीन शिलालेखों से सज्जित। रामकृष्ण परमहंस का चित्र। माउंटबेटन के साथ सुनीति बाबू का लिया गया चित्र। एक और कोई ग्रुप फ़ोटो। कुछ मुग़ल पेंटिंग, कुछ प्राचीन और शेष नवीन।

गंजी, धोती में आये। अपभ्रंश की पुस्तक दी। बातें। मैंने निर्भीकता से जवाब दिया। नयी पत्रिकाओं और पुस्तकों का उल्लेख। विशेषतः बी. म. बड़ुआ तथा एस. एन. मित्र द्वारा सम्पादित 'प्राकृत धम्म पद' जिसमें अपभ्रंश की कुछ सामग्री है। मुहम्मद गजनवी कालीन एक और अपभ्रंश लेख का हवाला।

क्या हिन्दी चन्द्रबली पाण्डेय के अनुसार नागर अपभ्रंश से निकली है? मैंने कहा, 'नहीं'। फिर एक बंगाली वयोवृद्ध आये और मेक्सिको तथा अमेरिका पर बातें बंगला, अंग्रेज़ी में चल पड़ीं। बीच में सुनीति बाबू ने पूछा कि बंगला समझ लेते हैं? मैंने कहा 'हाँ' और उन्होंने चालू रखा। अमेरिकी दम्भ की उन्होंने निन्दा की तथा मेक्सिको में उनके अत्याचार की भी भर्त्सना की।

पाण्डिचेरी के पक्ष को ग़लत समझते हुए भी इस तरह कड़ी आलोचना के योग्य नहीं मानते क्योंकि उन्होंने कोरिया में अपनी सेना थोड़े ही भेजी। नेहरू के रुख की प्रशंसा तथा अमेरिका में विजयलक्ष्मी के snobish व्यवहार की निन्दा। स्वयं मेक्सिको वे इसलिए गये थे कि वहाँ के सांस्कृतिक मिश्रण का विश्लेषण करके भारतीय (हिन्दू) संस्कृति के मिश्रण को समझ सकें। 'समानान्तरता' की दृष्टि, न कि 'प्रभाव' की, जैसा चमनलाल ने 'हिन्दू मेक्सिको' में दिखाया है। मुझे वे जातिभेद से ऊपर उदार दिखे। eclectic। धर्मभेद भी बाधक नहीं। ब्राह्मणत्व तथा राष्ट्रीयता का गर्व। बंगाली प्रेम स्वस्थ।

मेक्सिको के राजा की अमर कहानी तथा शौर्य का वर्णन। वहाँ का नूतन जागरण। इंडियंस के प्रति सहानुभूति। वे spanish पढ़ और कुछ समझ लेते हैं।

अपना चित्र दिखाकर content पढ़ सुनाया-समझाया। प्रसंग से भारत के सांस्कृतिक मिश्रण का ज़िक्र। कृष्ण द्वैपायन तथा श्रीकृष्ण के रक्त मिश्रण का उल्लेख। पुराणों की प्रशंसा। पूजा=पू (पुष्प)+जा (क्रिया) होम (पशुक्रिया)। पूजा अनार्य तत्त्व।

जब बंगाली सज्जन गये तो रासो पर बातचीत। संयोगिता = armoured woman (सँजोइ) बंगला। बरदाई का अर्थ उन्होंने पूछा।

मेरे विचारों से प्रसन्न तथा पुस्तक को रखने योग्य बताया। सुझाव दिया कि इसे अंग्रेज़ी में अनुवाद कर डालिए। 10॥ पर अलग हुआ। 8 पर गया था।

4 अप्रैल, 1952 : अपराह्न

भोजन-शयन के बाद 2॥ बजे शाम पार्क सर्कस मैदान। वाद-विवाद का अवकाश काल समाप्त हो रहा था। डेलिगेट सेशन आरम्भ। सभी कमीशनों के अध्यक्षों ने रिपोर्ट पेश की केवल 'शिक्षा-कमीशन' को छोड़कर। अब्बास की रिपोर्ट भी जाफरी ने पेश की। गोपाल हाल्दार की मूषक काया देखी और वैसा ही स्वर भी।

अगले दिन 'घोषणा-पत्र' पर विचार करने के लिए प्रान्तीय आधार पर डेलिगेशन की बैठक 4॥ बजे घास के मैदानों पर हुई। हमारे यू.पी. के लोगों में केवल दस थे; जोशी, अमृत, भगवतशरण न थे। डॉ. अलीम, आशाराम, तुंगनाथ, पालीवाल आदि। डॉ. रामविलास, चन्द्रबली थोड़ी देर बाद आये।

शर्मा से मेरा यह प्रथम प्रत्यक्ष परिचय था। शर्मा केवल कुछ व्यंगों को छोड़ तटस्थ रहे क्योंकि उन्हें आधारभूत बातों पर मतभेद था और उन्हें वहाँ व्यक्त करना अच्छा नहीं समझते थे। मैंने भाषा विज्ञान, प्रयोगवाद आदि विषयों पर बातें चलायीं। डॉ. अलीम की clarity से प्रभावित हुआ। व्यक्तित्व भी भला है। आशाराम diplomatic लगे।

साथ ही पण्डाल में बैठे कि मजाज़ आ धमके। ग़ज़ल सुनायी—साथ-साथ अंग्रेज़ी व्याख्या, अनुवाद और टीका सहित। अंग्रेज़ी अच्छी है। कैफ़ी भी बैठे। बंगला का पालकी गीत सर्वोत्तम रहा।

आज आन्ध्र, पंजाब का विशेष प्रोग्राम था। 9 पर उठ आया।

5 अप्रैल, 1952 : शनिवार

सुबह 7 पर रामकरन जी के साथ पैदल ही इडेन गार्डेन होते हुए गंगा के किनारेवाली सड़क पकड़कर क़िले के पास तक गये। बैठे। जहाज़ देखते रहे। फिर हाई कोर्ट, सेक्रेटेरियट तथा पार्क में बर्मी काष्ठ शिल्प का नमूना देखते लौटे। भोजन, विश्राम।

11 पर पार्क सर्कस। थोड़ी देर बाद डेलिगेट सेशन शुरू हुआ। पहला प्रस्ताव आया 'शान्ति सांस्कृतिक सम्मेलन' के लिए सौ आदमियों की एक कमेटी का निर्माण। संख्या को लेकर बहस। फिर उसके scope पर। जाफरी ने कहा कि इसमें वैज्ञानिकों को न रखा जाये। ज़ोरदार बहस हुई। आशाराम तथा कइयों ने वैज्ञानिकों को शुमार करने की राय दी। मूर्खतापूर्ण विभेद सुनता रहा। डॉ. शर्मा से बोलने के लिए कहा गया तो उन्होंने कहा कि इस stage पर मैं कुछ नहीं कह सकता।

पश्चात् डॉ. रामविलास ने मुझसे कहा कि चलो बातें करें। चले कि मजाज़ आ गये। मज़ेदार आदमी है, उर्दू का 'निराला'। फिर हम लोग पण्डाल से बाहर गये। प्रयोगवादियों तथा अज्ञेय ने सामाजिक चेतना तथा कलात्मक प्रौढ़ता की समानान्तरता के सम्बन्ध में मुझे जो लिखा था उस पर बातें। रामविलास ने उस पर बड़ी सुलझी राय दी। फिर हिन्दी साहित्य का इतिहास लिखने पर विचार। विशेषतः प्राचीन कवियों पर।

आजकल वे 'रस' पर लिखना चाहते हैं। वेदों की प्रशंसा तथा भाषा और विचार की दृष्टि से सामन्ती stage का बतलाना—स्टालिन द्वारा किये गये clan, tribe, nationality, national language के पारिवारिक वर्गीकरण की नवीनता पर विचार। national spirit पर ज़ोर। अपनी परम्परा के स्वस्थ तत्त्वों के उभारने पर ज़ोर।

हिन्दी-उर्दू क्षेत्र का एक सम्मेलन बुलाकर एक nationality बुलाने का सुझाव। चाय पी फिर—गम्भीरा नामक माल्दह शो।

5॥ तक वापसी।

8 पर सुमेर, सुधार, रामकरन के साथ मुशायरे में—मख़दूम, कैफ़ी, नियाज, वामिक, जाफरी, मजाज़ का पहला दौर सुनकर लौटा। प्रभावों पर विचार सविस्तार दूँगा। 9॥ बजे रात पार्क सर्कस से पैदल चलकर चौरंगी के रास्ते लौटे—रिक्शा पर जाता विलायती दम्पति।

6 अप्रैल, 1952 : रविवार

सुबह 7॥ बस से हबड़ा। वास से निकलते ही काशी विद्यापीठ के एक सोशलिस्ट स्नातक मिल गये। सोशलिस्टों के Confusion पर उन्हें भी झुँझलाहट है। हबड़ा से बेलू मठ—साथ में रामसुमेर, रामकरन। रामकृष्ण परमहंस मन्दिर के शान्तिपूर्ण वातावरण में विश्राम। फिर नाव से दक्षिणेश्वर। सवा रुपये में नाव तय हुई। पिछली बार भी शम्भूनाथ जी के साथ यही किया था। धूप वैसी ही तेज़। दक्षिणेश्वर में पहले पंचवटी विश्राम फिर मन्दिर दर्शन। ऋक्, यजुः तथा योगवाशिष्ठ के स्फूर्तिदायक मन्त्र मोह किये। फिर जलती हुई ईंटों और पत्थरों पर नंगे पाँव आठ शिवों की परिक्रमा तथा श्लोक पाठ। गायत्री का शुद्ध अर्थ देखा। देवी की स्तुतियाँ भी उदात्त भाव पूर्ण लगीं।

फिर रामकृष्ण का साधना कक्ष तोसक तकिया मण्डित देखा। जूता-रक्षक की दस्तूरी? देकर विदा।

रात से ही गले में कुछ कफ़ घिर आया है। तकलीफ़ है। शाम बाज़ार ही बस से फिर ट्राम से डलहौजी 12॥ बजे भोजन, शयन।

4। बजे सन्ध्या चौरंगी स्मारक के पास रैली में। सुमेर साथ ही। रैली में मार्च करते हुए विराजे। तेज़ धूप। पसीने से शरीर लथपथ। जोश खरोश। कालिका मुक्त अमरशेख के जन्मभूमि गान से सभा आरम्भ। लगभग 50 हज़ार आदमी थे। किचलू का अंग्रेज़ी में भाषण सुना।

10 अप्रैल, 1952 : बृहस्पतिवार

सुबह रामकेशव जी ने बताया कि अख़बार में उस सम्मेलन पण्डाल के अग्निकाण्ड का उल्लेख है। पढ़ा। चिन्ता। सुनीति बाबू को फ़ोन। उन्होंने पण्डित जी का कुशल पूछा और अगले दिन 8 बजे सुबह मिलने को बुलाया।

भोजन। मारवाड़ी रिलीफ़ सोसाइटी सुधार के साथ। देवनाथ लाल से बातें। मातादीन खेतान का झक्कीपन। दुर्गा प्रसाद के घर नौमी का भोजन। स्वस्थ सुन्दर शरीर। एक ही कमरे में सारी गृहस्थी देख दंग रहा। देवनाथ लाल जी के घर 61, अपर चितपुर।

फ़ाइल ख़रीदते हुए वापस 1॥ पर डलहौजी। नन्दकिशोर जी ने रसगुल्ले का जलपान कराया। बातों में बताया कि किस तरह उन्होंने हड़ताल भंग करायी। मुझे पेच मालूम हुआ। लेखनीय अनुभव।

4॥ पार्क सर्कस। डॉ. महादेव साहा मिले। 'कैफ़ी' को एक्ट्रेस के साथ उठते-बैठते-घूमते इस तरह देखता हूँ तो एक सन्देह होता है—यों कैफ़ी की सूरत भी मुझे गुण्डों की-सी लगती है। जवाहर चौधरी से रूम परिचय।

कैंटीन में चाय। मछुए बाज़ार का दृश्य।

डॉ. आलोक का दर्शन। रज़िया सज्जाद ज़हीर का भी। भगवत शरण जी से पता चला कि आज जब 'हिन्दी साहित्य की शान्ति परम्परा' की चर्चा आयी तो तुम्हें हम लोग बहुत खोज रहे थे। festival में उल्लेखनीय अमरशेख का तमाशा, केरल का कथकली, वल्लातोल का मलयाली भाषण। 9॥ पर लौटा।... लड़कों को हिन्दी बोलते पाया। अच्छा लगा। रुड़की की अपेक्षा अंग्रेज़ियत कम। पारस ने कुछ विशेष भोजन बनवाया था। किया। छात्रावास का निरीक्षण। Sanitation अच्छा है।

12 अप्रैल, 1952 : शनिवार

नाश्ता। 6॥ पर धनबाद स्टेशन। बस। झरिया। झरिया से बस द्वारा डिगुवाडीह। साथ शिवमोहन। खाने पर। यादव जी। मैनेजर के दफ़्तर में। रजिस्टर पर हस्ताक्षर। टॉर्च ली। हेडगियर के पास। वहीं का.वि.वि. के दो छात्र अशोक कुमार मिश्र तथा मानसिंह भटनागर से परिचय। चारों आदमी डोली (Cage) द्वारा। 10 नं. पिट में। तेज़ी। सांकेतिक ध्वनियों से काम। कानों में हवा का दबाव। air conditioned सा लगा। गैलरियों में भ्रमण। जगह-जगह बैठे मज़दूरों का गिरोह। टिमटिमाती ढिबरियाँ। घुप्प अँधेरा। कहीं-कहीं बिजली बत्ती। खड़ी-भरी Trollies जहाँ कोयला कट रहा था। पहुँचे। हाथ से कटान देखी। मशीन से भी। कहीं-कहीं छत से पानी चूना।

आदमक़द ऊँची गैलरी। कहीं-कहीं गरमी। खान में safety के काम देखे। Cage से ऊपर आये। पता लगा मजूरों की ड्यूटी भीतर 8 घण्टे। बाहर 9 घण्टे। ऊपर आये। हेडगियर का इंजन। हवा निकालने का पंखा, कोयला बराने का यन्त्र देखा। फिर A.K.M. के अनुरोध पर उनके निकटवर्ती वास पर। स्नान। भोजन सामूहिक। सिनेमा अभिनेत्रियों पर बहस।...

30 जून, 1952 : मंगलवार

देशद्रोही समाप्त। 'आलोक' में बैठे-बैठे सन्तोष परितोष गार्गी की मनोविश्लेषण पुस्तक समाप्त की। भदन्त आनन्द का रेल का टिकट भी। नया साहित्य (प्राचीन) का 3,4,5 अंक देखता रहा। रामविलास की कविता, शमशेर का 'भारत भारती' वाला लेख आदि। बच्चन पर लिखते हुए शमशेर ने उनके छन्दों में पन्त का 'मूर्त भावानुगमन' तथा निराला का 'आडम्बरहीन पौरुष-पुरुष स्वर प्रवाह' का समन्वय बताया है। 'लोर्का' का मौत सम्बन्धी प्रभावशाली चित्र भी देखा। मई दिवस का इतिहास पढ़ा 1886 वस्तुतः अमेरिका में शुरू। काम के घण्टे कम करने से शुरुआत। श्रीहर्ष का नैषध उलटा-पुलटा। नये परिचित–जमुनादास व्यास तथा विद्यासागर। शाम डागा भवन में बच्चों का अभिनय देखा। 5 रुपये पुरस्कार दिया पिकनिक के लिए। चुन्नी के चित्र देखे। नेत्र सुखद।

4 जुलाई, 1952 : शुक्रवार

गंगा के किनारे आज जैसी मेघमयी सन्ध्या बीती, शायद कभी न बीती थी। बादलों का यह आरोप–'मेघेर परे मेघ जमेछे...' साथ हैं पण्डित जी और उनके दो बच्चे लालजी और मुन्नू। हरी घास पर बैठना। पण्डित जी का उन्मुक्त हास। शान्तिनिकेतन के 'चाय-चक्र' के संस्मरण। 'very touch' शब्द की प्रसंगगर्भिता का रहस्योद्घाटन और कौमार्य व्रतधारी किंकर जी के घर से सामान आने पर 'मास्टर मोशाय' का कहना यह 'भेड़ी टच' नहीं 'भेड़ा टच' है। गंगा की मटियाली लहरें और माणवीय पुल का तोरण तथा पहाड़ी-सी काशी के चमकते हुए एकाध धवल गृह।

दशरथ ओझा के अस्थायी निवास 'शान्ति सदन' में बंग महिला द्वारा चायपान। वहीं 'लंकार मिष्टि' का पण। राह में 'आबुल ताबुल' नामक हास्यरस की पुस्तक से पण्डित जी ने कुछ कविताएँ सुनायीं।

आज अपराह्न से ही पण्डित जी के घर डँटा था। रासो पर काम हुआ। अपने विभाग के अध्यापकों पर बातें। नयी नियुक्तियों तथा उनके लिए नियुक्त होने वाले विशेषज्ञों के चुनाव पर बातचीत। मेरा सुझाव पण्डित जी को जँचा। उन्होंने अपनी 'धर्मसाधना' वाली सद्यःप्रकाशित पुस्तक सस्नेह दी। पंचक्रोशी सड़क पर साथ-साथ टहलना। वैयक्तिक बातें। बाबू साहब (श्यामसुन्दर दास) सम्बन्धी एक संस्मरण। "शास्त्री परीक्षा में वे निरीक्षक थे और मैं उनकी रिक्त कुर्सी पर बैठकर पढ़ रहा था। सहसा वे आये और डाँटने लगे।...सचमुच मैं उनकी कुर्सी पर आजीवन अनधिकृत रूप से बैठने की धृष्टता करता रहा हूँ। शायद ये आयें तो डाँटें।" इसे पण्डित जी ना.प्र. सभा की जयन्ती में सुनानेवाले थे पर नहीं सुनाया।

5 जुलाई, 1952 : शनिवार

साथी, प्रबल झंझावात। शाम को हवा के तीखे झकोरों पर वर्षा की धार इस तरह उड़ रही थी कि गोया धरती तक पहुँच ही न पायेगी। हवा में जैसे चाँदी के महीन तारों की जाली इधर से उधर तक उड़ रही है। खिड़की से बाहर ईख और घास की लहरों पर फुहारों का उड़ना देखता रहा। वर्षों बाद ऐसा दृश्य देखने को मिला है। देखते-देखते बादल छँट गये। अब चाँदनी–स्वच्छ धवल चाँदनी। आकाश में झीने कपसीले बादल उड़ रहे हैं। चाँद बादलों में भाग रहा है। नीचे वही हरियाली और रास्तों पर कहीं-कहीं चमकता पानी।

लगभग महीने भर बाद आज छात्रावास में रात बीत रही है। शायद यह अन्तिम रात है, इसीलिए इतनी सुन्दर होकर आयी है। अन्तिम रात को इतना सुन्दर नहीं होना था। मन पुरानी स्मृतियों से भर उठा है। ठीक 7 अगस्त को इस छात्रावास में आया था और शायद ठीक 7 जुलाई को इसे छोड़ना पड़ेगा। हाथ से निकलने पर ही चीज़ की क़ीमत मालूम होती है। पिछले साल न तो इतनी हरियाली थी और न ऐसी चाँदनी ही मिली थी। मिली भी हो तो याद नहीं।

आज का दिन भी घटना-बहुल रहा लेकिन आज किसी घटना का उल्लेख नहीं करना चाहता। आज तो केवल एक घटना है—चाँदनी हरियाली और इस छात्रावास को छोड़ना है, छोड़ना है!

यहि पुर पत्तन यह गली बहुरि न देखों फेरि।

7 जुलाई, 1952 : सोमवार

आख़िर आज शाम को डे छात्रावास छोड़ना ही पड़ा। दिन आशा-निराशा की धूप-छाँहों सा रहा। न्यू होस्टल नं. 3 के बड़े कमरों के लिए अर्ज़ी लेकर प्रो-वाइस चांसलर साहब के पास गया। आश्वासन मिला, लेकिन कोई निश्चित उत्तर नहीं। प्रो. कायस्थ के पास आया। बड़े सज्जन हैं। संक्षिप्त से परिचय के आधार पर ही उन्होंने मुझे कमरा दिलाने में पूरी मदद करने का वचन दिया और तब तक अस्थायी रूप से अतिथियों वाला कमरा रहने के लिए दे दिया।

ठीक सात बजे डे छात्रावास से सामान हटाया। दो खेप में लाना पड़ा।

आज द्विवेदी जी ने मुझे 'जनपद' में भूतों पर लिखने को कहा और रासो-सम्पादन सभा के लिए करने की आज्ञा दी जिसे मैंने आगामी वर्ष के लिए टाला।

राधाकृष्ण की चिट्ठी आयी है : बड़ी सुन्दर। मेरे निबन्धों की आलोचना भी। व्यंग को सराहा है पर भावुकता-तन्मयता को हटाने का सुझाव दिया है।

8 जुलाई, 1952 : मंगलवार

शास्त्री जी कर्रा हाई स्कूल, डोभी जाने की तैयारी कर रहे थे कि भूले-भटके से केदार आ टपके। सोत्साह मिले। शास्त्री जी के जाने पर उनसे दो सॉनेट सुना। पहले उन्हें सुन चुका था फिर भी सुना। एक 'काई मिट्टी...' प्रकृति चित्रण है भदेसी शब्दों वाला और दूसरी 'टके' पर चमत्कारपूर्ण व्यंग्यात्मक कृति। भाषा भाव पर अधिकार झलकता है। कसावट आ गयी है अब। लेकिन रास्ता दूसरों का ही है और अनुभूतियों की प्रगाढ़ता स्वानुभव की कमी से नहीं आ सकी है। केदार की प्रायः सभी कविताओं में श्रमोपात्त चातुरी तो मिलती है पर आत्मीयता ग़ायब रहती है। कालरिज का रिमार्क 'टेबुल टॉक' याद आया।

आज स्वयं अपने कमरे में आकर व्यवस्थित रूप से सामान रखा और दोपहरी बितायी। पराये को अंगीकार किया।

9 जुलाई, 1952 : बुधवार

11 बजे दिन से विश्वविद्यालय में नये सत्र का उद्घाटन। डॉ. राधाकृष्णन ने आचार्य जी के साथ मंच पर पदार्पण किया। रामकुमार चौबे ने आते ही राधाकृष्णन के पाँव छुए। भद्दा लगा। जो हो, आदमी निरभिमान और बेशर्म है।

ओंकारनाथ ठाकुर (जिन्हें यहाँ के विद्यार्थी हुंकारनाथ कहते हैं) ने वन्दना की—स्पष्ट कुछ नहीं हो सका शायद इसलिए कि वे संगीत में नाद ही की प्रधानता मानते हैं।

आचार्य जी ने सक्षिप्त अंग्रेज़ी भाषण किया। राधाकृष्णन ने स्वभावानुकूल उदात्त और ठनकती पदावली में आरम्भ किया।

विशेषता इस बार यह थी कि अध्यात्म के अतिरिक्त कुछ सांसारिक बातें भी थीं। उन्होंने संघर्ष की परम्परा बतलाते हुए वर्तमान काल में उसके कम्युनिज़्म बनाम कम्युनिज़्म-विरोधी रूप का उल्लेख किया और कहा कि संसार के सभी देशों की जनता एक है—मानवता एक है। सोवियत यूनियन में रहने का इतना प्रभाव तो होना ही चाहिए।

प्रो-वाइस चांसलर नारलीकर साहब ने धन्यवाद दिया और उसमें भी दो तिहाई उद्धरण—दोनों उद्धरण पढ़कर सुनाये। एक कनफ्यूशियस का, दूसरा पं. नेहरू का।

दोपहर को शहर गया। श्रीपत और फिर जगत् गुरु मिले। श्रीपत से पता चला कि वात्स्यायन, स.ही. विश्वविद्यालय में नौकरी करना चाहते हैं। इधर-उधर की और भी बातें। वहीं आ गये जगदीश—पुराने जगदीश। नाटकीय ढंग की वार्ता।

10 जुलाई, 1952 : बृहस्पतिवार

11॥ पर हिन्दी विभाग में। केवल शर्मा जी और करुणापति जी मिले। 'कोउ कछु कहा न कोउ कछु पूछा'। पद्मनारायण जी आये। सदा की भाँति प्रसन्न मिले।

पण्डित जी डॉ. लाल सहित देर से आये। एम.ए. का नया कार्यक्रम देखा। शर्मा-विरोधी रुख साफ़ था। विश्वनाथ जी को अब बहुमान दिया जा रहा है। पहले शर्मा जी को प्रथम प्रश्नपत्र दिया गया था लेकिन उन्होंने पत्र लिखकर लेने से इनकार कर दिया। पत्र पण्डित जी ने सुनाया था। रस्सी जल गयी पर ऐंठ न गयी। क्या ताव से स्पष्टवादी शर्मा जी ने लिखा था। डॉ. लाल ने मुझे 'प्रेमचन्द-ऑनर्स' पढ़ाने के लिए दिया है। माँगा था साहित्य और उन्होंने यही देकर टाल दिया। उन्हीं से मालूम हुआ कि विश्वनाथ जी ने अपभ्रंश पढ़ाने का सुझाव मुझे दिया था। विश्वनाथ जी को यह बात खटकती है कि वे मेरी किताब पढ़ाएँगे।

पण्डित जी डॉ. लाल की मुट्ठी में हैं। बुरा है। स्वतन्त्र व्यक्तित्व होना चाहिए। मन अवसन्न रहा।

छात्रावास आने पर शचीरानी का पत्र मिला। मुझे 'छायावादी कवियों के आलोचनात्मक दृष्टिकोण' पर लिखना है। तय हो गया। चौहान जी की भी गश्ती चिट्ठी आयी। इतिहास अंक की योजना है। मेरे ही सुझावों के अनुसार बनाई गयी है। जहाँ नया है, खामी है। मुझे हिन्दी साहित्य के इतिहास के काल-विभाजन पर लिखना है। मन कुछ जम नहीं रहा है।

रात देर तक पाठक जी तथा गर्ग जी से विश्वविद्यालय के विषय में बातें होती रहीं। वर्मा जी अपनी नियुक्ति के विषय में बहुत पूछते रहे।

13 जुलाई, 1952 : रविवार

शाम को सरस्वती प्रेस। सीढ़ियों से जगत् गुरु उतरते दिखे। सोचा मुकुल की ओर मुड़ूँ कि वे बोले—"ऊपर श्रीपत हैं।" चला। श्रीपत ने बातें उठाईं कई क्षेत्रों और स्तरों की। श्रीपत से मालूम हुआ कि वात्स्यायन जी अध्यापक-जीवन की ओर उन्मुख हो रहे हैं और रुचि प्रकट कर रहे थे। भारती के कवित्व पर भी बातें आयीं। मैंने साफ़ कहा। श्रीपत ने अन्त में रिमार्क दिया कि "आप भारती से ईर्ष्यालु हैं और आपको उत्तेजित करने के लिए उनका नाम लेना काफ़ी है।" आलोचक होना बुरा नहीं है—साफ़ कहना बुरा है। सोचकर चुप रहा। तथापि श्रीपत भी मेरी आलोचना से सहमत थे। श्रीपत ने आज फिर चेखव की तारीफ़ की। तय किया कि चेखव को ख़रीद कर रहूँगा।

माखन दा से ज्ञात हुआ कि मुकुल ने पार्टी से इस्तीफ़ा दे दिया। कारण, अज्ञात है। चन्द्रबली मिले। प्र.ले.सं. के विषय में पूछा। क़ाहीदगी की हद है। यह आदमी कोई संस्था नहीं चला सकता।

14 जुलाई, 1952 : सोमवार

बी.कॉम. फाइनल की 'हिन्दी रचना' का पहला घण्टा था। क्लास लिया। वाणिज्य के नीरस विद्यार्थियों के चित्त को सरस किया। रुचि जागती दिखी।

5 पर वर्मा जी के कमरे में गया। रतिनाथ झा के साथ पण्डितजी के पास। वहाँ पं. कान्तानाथ पाण्डेय और रामखेलावन पाण्डेय बैठे मिले। कान्तानाथ जी को इस वय में भी डॉक्टर होने की साध जगी है। रामखेलावन जी भी उसी चक्कर में। भारतेन्दु युग की चर्चा छिड़ी। पण्डित जी ने संस्मरण सुनाया—युगल प्रियानन्द का जो धनिक विरोधी थे। भारतेन्दु मण्डली में एक बार समस्या रखी गयी 'कैसे बजे एक हाथ से तारी'। उक्त महोदय भी पहुँचे और वहीं काशी के प्रसिद्ध धनी खल्वाट माधव मिश्र के करीब सरकते चले गये और खोपड़ी पर एक हाथ देकर छन्द कह उठे—

माधो के सीस चटाक से मारी।
ऐसे बजे एक हाथ से तारी।

दो नायिकाओं की कलह।

17 जुलाई, 1952 : बृहस्पतिवार

शाम पण्डित जी के घर। नर्मदेश्वर जी रासो के प्रूफ़ लेकर आये थे। थोड़ी देर तक देखना। फिर पण्डित जी द्वारा 7॥ पर टहलने चलने का प्रस्ताव। कॉलेज की ओर। आज कमच्छा कॉलेज के लिए हिन्दी विभाग की नियुक्तियों का इंटरव्यू हुआ था। उस पर बातें। पण्डित जी ने अपनी रुचि के बावजूद योग्यता को प्रश्रय दिया। बातों-बातों में बोले कि छात्र जीवन में मैंने अपने दो 'मोटो' लिख रखे थे—

1. निज भुजबल मैं पैर बढ़ावा। दैहों उतर जो रिपु चढ़ि आवा।
2. कमी नहीं क़द्रदाँ की अकबर करे तो कोई कमाल पैदा।

फिर बोले पहले वाला ओज शान्तिनिकेतन जाने पर कुण्ठित हो गया

और अब वह कमी खटक रही है। काशी को मैंने ख़ूब समझ लिया है। विश्वसनीय लोग कितने हैं यह भी भाँप लिया है। हम लोग देर तक एम्फी थियेटर मैदान में टहलते रहे और विभाग की अध्यापन सम्बन्धी बातें भी हुईं। मुझे पण्डित जी अपभ्रंश का क्लास देना चाहते हैं।

8॥ पर वापसी। भोजन वहीं। शान्तिनिकेतन के संस्मरण भोजन करते समय। किस प्रकार गर्मी के दिनों में नग्न होकर चहबच्चे में ये लोग पड़े रहते थे और एक दिन चीरहरण हुआ। गोसाईं जी के स्वभाव का चित्रण। भोजन के बाद घण्टे भर तक प्रूफ़ देखना और फिर अपने कमरे में आना। यहाँ भी घण्टे भर तक प्रूफ़ देखकर 12 पर सोना।

18 जुलाई, 1952 : शुक्रवार

10 बजे रात से 'बनारस इन' में सोशलिस्टों की ओर से डॉ. लोहिया की कॉफ़ी गोष्ठी थी। विश्वविद्यालय के अनेक नवयुवक अध्यापक जैसे डॉ. लावनिया, डॉ. रतूड़ी, वाजपेयी, शुक्ला आदि भी थे। लोहिया ने अव्यवस्थित और अक्रम बात शुरू की। तीन शिगूफ़े छोड़े : (1) 40° से उत्तर के देशों में रोटी का सवाल नहीं है तथा दक्षिण वालों में है। (2) class की ह्रास दशा caste है। (3) पूँजीवाद अपने आरम्भिक युग में प्रगतिशील था–यह कहना ग़लत है। यह कथन केवल यूरोप के लिए लागू होता है।

देखा यह मार्क्सवाद नहीं Geo-politics है। लोहिया में यह रोग पुराना है।

लोहिया की बातों ने सोशलिस्ट भ्रम और घपले का पूर्ण परिचय दिया और सिद्ध हो गया कि ये मार्क्सवाद से कोसों दूर निकल गये हैं। मैंने बीच-बीच में उन्हें टोका पर मूर्खों का जमावड़ा था। चुपचाप बकवास सहता रहा। 12। पर गोष्ठी समाप्त हुई और शास्त्री जी के वास पर सोया। मच्छरों ने परेशान रखा।

22 जुलाई, 1952 : मंगलवार

पण्डित जी के वास पर। ऊपर चादर ओढ़े खड़े थे। मुझे देखते ही नीचे उतरे और टहलने चल पड़े। आज भी एम्फी-थियेटर के मैदान की ओर।

चबूतरे पर बैठे। पं. काशीनाथ जी तथा विभाग के अन्य अध्यापकों के अध्यापन पर बातें। 8॥ पर लौटे। आने पर उन्होंने नाहटा जी का पत्र दिया। अब मुझे बीकानेर ही जाना पड़ेगा। रासो पर वासुदेवशरण जी से भी बातें। 9॥ पर घर लौटा।

23 जुलाई, 1952 : बुधवार

वासुदेवशरण जी से 'स्कूल ऑफ़ ओरिएंटल एंड अफ़्रीकन स्टडीज़' की दो बुलेटिनें लीं। फिर पण्डित जी के मकान पर ऊपर बरामदे में देर तक जमे रहे। आरम्भिक कक्षाओं के अध्यापकों के संस्मरण चलते रहे। अपने दो अध्यापक लोचन पण्डित और रामचन्द्र के कलह को पण्डित जी ने बड़े ही सुन्दर ढंग से चित्रित किया। 2॥ घण्टे बाद गोष्ठी उठी। कल वे प्रयाग जानेवाले हैं। अज्ञेय और बलराज साहनी पर भी बातें। पण्डित जी ने बलराज के खुले व्यक्तित्व की बड़ी सराहना की। वे उन लोगों की काफ़ी व्यक्तिगत बातें जानते हैं।

27 जुलाई, 1952 : रविवार

नहाने जा रहा था कि 8॥ सुबह शास्त्री जी आये। कई दिनों बाद मिलने पर उत्साह हुआ। उन्होंने नरोत्तमदास के सवैये की पैरोडी आते-आते सुनायी—प्रेरणा वि. वि. नारलीकर के बँगले की भीड़ से मिली—

का.वि.वि. जाहु जू का.वि.वि. जाहु जू आठहु जाम यही झक तेरे।
जौ न कहा करिए तो बड़ो दुख, जैहौं कहाँ अपनी गति हेरे।।
द्वार खड़े वि.वि. के छडिया तहँ डाक्टर जान न पावत नेरे।
एम.ए. बी.ए. तू तौ देख विचारि कै, मैट्रिक हु को न कागद मेरे।।

फिर शिवप्रसाद की 'प्रतिक्रिया' कहानी पर राय देते हुए कहा, "वह कहानी उन लोगों के लिए है, जिन्हें छूछी खटिया में रस मिलता है।" फिर दूसरी उठान में बोले—"भाषा पहले से ज़रूर सुधरी है लेकिन विषय की दृष्टि से वे पीछे गये हैं।"

साथ ही नागपंचमी के तीवन का रसास्वादन। विश्राम। 4 पर लंका की ओर। राह में नरोत्तम दास की कविता पर विचार-विमर्श। पूरे मध्ययुग में

उतना यथार्थवादी कवि कोई नहीं हुआ और शायद वैसा मार्मिक खण्ड काव्य हिन्दी में कोई नहीं है। भाषा की सजीवता भी जायसी और तुलसी के जोड़ की।

6 बजे गोदौलिया सरस्वती प्रेस। जगत् और शेरजंग। त्रिलोचन जी का शेरजंग से परिचय। साहित्य पर्चा। शेरजंग ने फ्रेंच और फ़ारसी की जानकारी का सुन्दर और सहज परिचय दिया। मुझे उर्दू पढ़ने की प्रेरणा मिली। वैसे इधर पन्द्रह दिन से शुरू भी कर दिया है। अच्छी प्रगति है। शेरजंग ने बताया कि उर्दू कवि कविता की भाषा गद्य के निकट की लिखता है, न तो क्रिया अधूरी रहती है और न वाक्य में पदक्रम विपर्यय मिलता है।

अज्ञेय पर बात करते हुए उन्होंने कहा कि मुझे पूरा विश्वास है कि जिस साहित्य में ऐसे साहित्यकार का सम्मान हो वह घोर decadence की मनोवृत्ति का होगा। पर हिन्दी की इस दशा पर मुझे आश्चर्य है। उन्होंने यह भी कहा कि अज्ञेय की अंग्रेज़ी कविताओं के संग्रह का कुछ मेरा है।

यह रहस्य भी उन्हीं से खुला कि शेखर की रचना ज्याँ क्रिस्ताफ़ का अनुवाद करते-करते हो गयी। 9॥ पर अकनू भवन। भोजन शयन।

28 जुलाई, 1952 : सोमवार

डॉ. लाल ने मुझे अपभ्रंश (एम.ए.) क्लास देने में काफ़ी दाँवपेच दिखाये। अन्त में पण्डित जी के यहाँ मामला गया और उन्होंने सहर्ष स्वीकृति दी।

शाम को पण्डित जी के साथ सुन्दरपुर गाँव की ओर टहलने जाना। दुनिया भर के विषयों पर बातें। पण्डित जी का गाँव की ओर सहज आकर्षण। 'जोन्हरी' शब्द की व्युत्पत्ति 'ज्योत्स्ना' से लगाई गयी और बाजरे को Egyptian प्रभाव कहा।

अगेहानन्द के चरित्र की चर्चा और डॉ. मैत्र के विषय में मालूम हुआ कि यूनिवर्सिटी क्लब में जाकर रोज़ का 'तापमान' लिख आते हैं। इसी बात पर मास्टर मोशाय का मज़ाक़—"जब कोई यह कहता कि आज बहुत जाड़ा पड़ रहा है तो मास्टर मोशाय तुरन्त पूछते कि क्या ख़बर का कागद आ गया है।"

31 जुलाई, 1952 : बृहस्पतिवार

आज से एम.ए. अपभ्रंश का अध्यापन शुरू किया।

आज जगत्, शेरजंग के साथ 12 बजे सारनाथ जाने का तय था। कुछ देर हो गयी मुझे और वे लोग मेरे पहुँचने से एक मिनट पहले चले गये। 'नया समाज' (जुलाई) में बनारसीदास चतुर्वेदी के एक लेख का अंश पढ़ा जिसमें बापू की राय 'चाकलेट' पर बनारसीदास जी से भिन्न यानी अच्छी थी। बनारसीदास जी ने बापू का वह पत्र उस समय नहीं छापा, उलटे, घासलेटी साहित्य कहकर विरोध किया। सेंगर ने उस पर टीका की थी।

1 अगस्त, 1952 : शुक्रवार

पौने ग्यारह पर एम.ए. का अपभ्रंश क्लास। आज वाक्य गठन पढ़ाया। पुस्तकालय। म.म. हरप्रसाद शास्त्री का 'नेपाल दरबार पुस्तकालय के तालपत्रों की सूची' देखी। उसमें 'कीर्तिपताका' का उल्लेख नोट किया। तृतीय वर्ष हिन्दी रचना।

आज बहुत दिनों बाद पं. विश्वनाथ जी के वास पर गया। बैठे घनानन्द का प्रूफ़ देख रहे थे। पास ही लन्दन से आयी हुई 'फ़ोटो स्टेट' प्रति थी। आज उन्होंने बहुत खुलकर बातें कीं। मेरे अध्यापन की प्रशंसा की। मेरी लेखन शैली को व्यवस्थित तथा scholarly कहा जिसकी कमी शिवनाथ जी में भी खटकती है। बोले यह चीज़ मुझे किसी में नहीं मिलती। शुक्ल जी ही एक थे।

फिर विभाग की राजनीति। उन्होंने अपना हृदय खोलकर रख दिया और कहा कि द्विवेदी जी का दिमाग़ यही इलाहाबादी सब ख़राब कर रहे हैं। जिसका जो न्याय्य है वह मिले, इससे अधिक मैं कुछ नहीं चाहता। मैंने भी पण्डित जी के हृदय की बातें बतायीं। असर पड़ा। बोले—"कुछ कार्य रूप में प्रकट हो तो जानूँ!" आज विश्वनाथ जी के स्पष्टवादी और निश्छल व्यक्तित्व का प्रभाव पड़ा। वे मुझे अपभ्रंश का क्लास देने के पक्ष में थे और उन्होंने पण्डित जी से कहा भी था पर डॉ. लाल ने उसका ग़लत अर्थ लगाया। 3॥ घण्टे बाद उठा।

विश्वनाथ जी बोले—'भरत मोहिं उपचरा न थोरा'! फिर हँसते हुए बोले कि इसका अर्थ भी डॉक्टर लाल को न मालूम होगा।

ईमानदारी में डॉ. वासुदेवशरण अग्रवाल की उन्होंने तारीफ़ की और बताया कि वे उचित और न्याय्य बात के लिए दल का पक्ष भी छोड़ देते हैं।

एक बात और। "जो समाज से दूर एकान्त में रहता है वह आलोचना करने में बड़ा ही निर्मम, निर्भीक और निष्पक्ष होता है। लेकिन समाज में मिलते-जुलते रहनेवाले आदमी की नोकें मुड़ जाती हैं।" मुझे स्वयं अपना कुछ महीने पहले वाला रूप याद आया। इधर वे सभी नोकें मुड़ गयीं कुछ तो पण्डित जी के साथ से और कुछ परिचय बढ़ जाने के कारण।

2 अगस्त, 1952 : शनिवार

'कल्पना' के लिए लेख लिखने की तैयारी की लेकिन आगन्तुकों के कारण बाधा पड़ी।

शाम को पण्डित जी के साथ टहलने—पंचकोसी सड़क से। विश्वनाथ जी से हुई बातें बतायीं। आक्रोश में थे। बोले—"उनका मन शुद्ध नहीं है। यदि हो तो जो कहो उनके लिए वह कर दूँ।" लौटे। फिर हम लोग बाहर बैठे। पण्डित जी ने छात्र जीवन का एक संस्मरण सुनाया, "इंटर की परीक्षा के लिए तैयारी की। ग़रीब तो था ही। साल के अन्त में फार्म फार्वर्ड कराने गया तो प्रिंसिपल ने डाँट दिया। बात लग गयी। फ़ीस दाख़िल करने को पैसे भी न थे। कमरे में आकर घण्टे भर तक रोता रहा। पं. कालीप्रसाद जी सहसा आ गये। समझाया। मालवीय जी महाराज के पास ले गये। उन्होंने अपनी ग़रीबी का उल्लेख करके आश्वासन दिया। फिर अगले दिन बुलाया। किन्तु मैं शर्म के मारे फिर न गया। उस साल परीक्षा छोड़ दी। क्वाथ (आरा ज़िला) में कथा बाँच कर पैसा ले आया और अगले साल परीक्षा दी। पं. बनारसीदास जी से यह बात मैंने बता दी है और वे अब लिखने की धमकी देते हैं।"

फिर उन्होंने मेरे भेजे हुए उस बिहारी विद्यार्थी को डाँटने पर बहुत ही पश्चात्ताप प्रकट करते हुए कहा कि मैं विद्यार्थियों को नहीं डाँटता क्योंकि पता नहीं उनमें से कौन आगे चलकर क्या बने—कितना बड़ा आदमी हो!. फिर जो ग़रीब होते हैं वे बड़े sensitive होते हैं। यह मेरा अपना अनुभव है। शान्तिनिकेतन में मध्य प्रदेश से आनेवाले एक विद्यार्थी को डाँटा था

उसका दुख आज तक है। वह पिंगल केश तथा कुछ 'असाधारण' था। संगीत सीखने आया था। क्षिति बाबू ने उसे फटकार दिया था। मैंने उसे पहले सहानुभूति दी। परन्तु जब दुबारा आया तो डाँट दिया। वह चुपचाप चला गया और फिर उसने पत्र लिखा! मेरा हृदय उससे हिल उठा।

लगभग 8॥ पर वहाँ से उठा।

3 अगस्त, 1952 : रविवार

'कल्पना' के लिए 'साहित्य में कलात्मक सौन्दर्य की समस्या' विषय पर लेख लिखता रहा। पूरा होने को आया ही था कि शास्त्री जी हरिवंश के साथ आ धमके। बातचीत और जलपान। 12 पर ये लोग गये। भोजन। ब.ल. कोतमिरे के कमरे में प्रो. करमरकर दिखे। गया। जर्मन पढ़ने का समय माँगा। वे सहकार का पचड़ा ले बैठे। 'आपने यह सहयोग नहीं किया, वह सहयोग नहीं किया...' वग़ैरह। उन्होंने उत्तर भारतीयों पर यह आरोप लगाया कि वे अविश्वासी और धोखेबाज़ होते हैं। यह संकीर्ण प्रान्तीयता मुझसे सही नहीं गयी। मीठे ढंग से प्रतिवाद किया। थोड़ी देर बाद बातचीत की उस नहूसत से पल्ला छुड़ाकर बाहर आया तो हमारे छात्र श्रीनारायण पाण्डे दिखे। ज्ञानपुर जाना तय पाया था। चल पड़े। राह में राजनीतिक विचारों को लेकर बातें आयीं। उसने अपने को सोशलिस्टों का हमदर्द बताया। लेकिन यह भी बताया कि अब विरक्ति हो रही है। प्लेटफ़ॉर्म पर तथा रेल में अपने-अपने परिवारों और पढ़ाई के क्रम का रहस्योद्घाटन। लड़का भावुक, सरल, सौम्य और सुशील प्रतीत होता है।

गोपीगंज बाज़ार देखा। गैंड ट्रंक रोड कच्ची-सी है। मैंने समझा था कि यह आद्योपान्त चारकोल या सीमेंट की है। मालूम हुआ कि औराई के बाद इलाहाबाद से कुछ दूर पहले तक ऐसी ही कंकड़ की है। इक्के से दोनों ओर की हरियाली के बीच सोल्लास बढ़ते हुए ज्ञानपुर। हर अपरिचित स्थान प्रथम परिचय में सुन्दर लगता है। वी.एन. इंटर कॉलेज बाज़ार से दूर अच्छी जगह बसा है। काशीनरेश डिग्री कॉलेज भी कुण्ड के समीप सुरम्य स्थल पर स्थित है। शाम को बा. लालसिंह से भेंट। आतिथेय पं. रामयज्ञ द्विवेदी

पोंगा किन्तु निष्ठावान व्यक्ति दिखे। उधर मानस का 24 घण्टे का अखण्ड पाठ चल रहा था। छात्र ही पाठकर्ता थे।

5 अगस्त, 1952 : मंगलवार

आज रक्षाबन्धन है। रा. की राखी आज भी सुरक्षित है।

मेरे प्राण स्वयं राखी से
प्रतिक्षण तुमको रहते घेरे
पर उनके ही संरक्षक हैं
अथक स्नेह के बन्धन तेरे

भूल गये हम कौन कौन हैं
कौन किसे अब भेजे राखी
अपनी अचिर अभिन्न एकता
की बस यही भूल हो साखी!

यह कविता आज फिर दुहरायी। सोकर उठते ही इन होंठों पर जो आयी।

24 अगस्त, 1952 : रविवार

8 पर शम्भूनाथ मिश्र के वास पर परिमल की बैठक। डॉ. रघुवंश की अध्यक्षता। सर्वेश्वर ने पिछली बैठक का विवरण पढ़ा—विवरण से अधिक मन्त्री की टीका थी। मुझे खटकी, लेकिन वे लोग उसके अभ्यस्त दिखे। सबसे पहले विजयी ने 'सूरज का सातवाँ घोड़ा' की मौखिक समीक्षा आरम्भ की और उसके निष्कर्षवादी कहानीपन के व्यंग तथा मासिक कथा चक्र, अनध्याय आदि बातों पर स्टाइनबेक का असर क्या नक़ल बताया। यह भी कहा इस नक़ल में स्टाइनबेक की तरह यथार्थ की पकड़ और पात्रों के प्रति सहानुभूति और सामूहिक शक्ति का अभाव है। डॉ. बाहरी ने कहा कि लेखक ने टेक्नीक पहले चुनी और कथा बाद में ली। मैंने पाँच बातें बतायीं—(1) समालोचकों के प्रति अत्यधिक सतर्क रहने के कारण उपन्यासकार भारती ने उपन्यास के पात्रों के स्वाभाविक जीवन और गतिविधि को कुण्ठित कर दिया है। (2) यह उपन्यास नहीं कथाख्यान है;

घटनाएँ घटित होती नहीं दिखाई जातीं बल्कि सूचित की जाती हैं। (3) इसमें अनेक प्रकार की शैलियों को समेटने की चेष्टा की गयी है और कैशोर कथ्य उसका भार सँभालने में लचक गया है। (4) यथार्थ और स्वप्न में विरोध ही नहीं असम्बद्धता भी है। काश! लेखक का स्वप्न माणिक मुल्ला का स्वप्न बनकर आता। (5) पूरा उपन्यास एक बहुत बड़े उपन्यास का कथामुख है।

नर्मदेश्वर चतुर्वेदी ने उसमें लोककथा का आभास पाया। जोशी जी ने उस पर बालजाक की ड्रॉल स्टोरीज़ का प्रभाव बताया। सुरतदास आदि ने असंयत और वैयक्तिक आलोचना की। ओंकारनाथ श्रीवास्तव ने मेरी बातों को और स्पष्ट किया। गंगाप्रसाद पाण्डे, गोपेश आदि अनर्गल बोलते रहे। जितेन्द्र ने भारती को निर्भीक बताया। अजित ने उपन्यास की कहानियों में अलगाव दिखाया। विजयी ने उसी बात को और भी स्पष्ट किया। अन्त में भारती ने अत्यन्त नम्र ढंग से सभी बातें स्वीकार कीं—विशेषतः मेरी रचनात्मक आलोचना के लिए कृतज्ञता प्रकट थी। भारती की बातों से लगा कि वह मेरे विचारों को जानने के लिए बहुत आकुल थे।

पश्चात भारती ने गिरिधर की 'अग्निमा' का परिचय दिया और उसे वर्तमान प्रगति की सड़क के किनारे का उपेक्षित फूल कहा। डॉ. बाहरी ने उसके श्मशान प्रेम पर प्रहार किया तथा भाषा सम्बन्धी 84 दोष दिखाये।

मैं—

"1. उपन्यास की आलोचना करने के बाद कविता की आलोचना करने के लिए दृष्टिकोण, ढंग बदलना आवश्यक।

2. यह वर्तमान प्रगति की सड़क के किनारे का फूल नहीं बल्कि हमारे ही कल के गाये हुए गीतों की गूँज है—यानी वह आज से दस वर्ष पहले के हिन्दी गीतिकाव्य का अंग है—वह गीतिकाव्य जो हिन्दी छायावादी गीतों तथा उर्दू ग़ज़लों के समन्वय से बच्चन के रूप में प्रकट हो रहा था।

3. यह उस युग की समूची काव्य-क्रिया का प्रतिनिधि नहीं बल्कि उसके एक तार-गीति का प्रतिनिधि है। अतः इसमें सब कुछ खोजना अनुचित।

4. वैयक्तिकता इसका गुण भी और दोष भी। गुण इस माने में

कि उससे तन्मयता अथच मार्मिकता आयी। दोष इसलिए कि 'negative capability' (आत्म निषेध की योग्यता) का अभाव। इससे प्रतीकों और उपमाओं में बहुजीवन की छवियाँ न आ सकीं।

5. इसकी गीतिमयता में एकस्वरता है।''

विजयी ने 'negative capability' को ग़लत समझकर मेरे विचारों में अन्तर्विरोध बताया जिसे बाद में समय माँगकर भारती ने स्पष्ट किया कि 'आत्मनिषेध' का अर्थ 'स्वानुभूति निषेध' नहीं है। भारती की सूझ और पकड़ पर ख़ुशी हुई। विजयी ने मुझ पर फ़तवा देने का भी आरोप लगाया जिसे डॉ. रघुवंश ने ग़लत बताया और इसके लिए विजयी को कड़ाई से रोका भी।

12 बजे गोष्ठी चुकी। गहरा जलपान हुआ।

पश्चात नर्मदेश्वर जी अपने साथ घर ले गये। साथ ही भोजन किया गया–यानी एक ही थाली में। ब्राह्मण होते हुए भी उन्होंने यह क़दम बढ़ाया। अन्त में चलते समय उन्होंने आलोचना के लिए अपने भाई की 'मध्ययुगीन साधना में प्रेम-भावना' तथा 'हिन्दी कविता में प्रेम-प्रवाह' पुस्तकें भेंट कीं।

शमशेर के वास अन्नकूट पर। नागार्जुन भाई भी यहीं मिल गये। ख़ूब गुज़री। नागार्जुन के साथ अश्क के घर। अश्क ने अपने नाटकों का सेट भेंट किया लेकिन इस भेंट में स्वार्थ था। लौटकर शमशेर को भी साथ लेकर पन्त जी के पास। उन्हें मधुमेह हुआ है। 'विजयसाल' की लकड़ी का पानी पीते हैं। देखा, शमशेर को भी उस लकड़ी का ज्ञान है। बल्कि नाम तो शमशेर ने ही बताया। पन्त जी को पुस्तक वापस कर लौटा। डॉ. रघुवंश से खड़े-खड़े बातें कीं।

सरोज के पास से झोला लेकर स्टेशन चले पर गाड़ी छूटती दिखी। सभी लोग साथ ही अन्नकूट। साथ ही भोजन। अन्त में शमशेर ने जंक्शन 11॥ पर पार्सल में बैठाया। उन्हें रेडियो फीचर 'शरत्' की सामग्री बताता रहा। पूछने पर कई बातें सूझीं।

26 अगस्त, 1952 : मंगलवार

कॉलेज से लौटकर 11.45 पर विश्राम कर ही रहा था कि नागार्जुन आ गये। नीचे अतिथि कक्ष में सामान रखवाकर ऊपर अपने ही कमरे में ले आया।

साथ ही भोजन। दही भी मँगवा लिया था पर नागार्जुन ने निषेध किया और मुझे भी याद आया कि 'सावन साग न भादो दही'।

दोपहर में नागार्जुन की डायरी से 'दुखहरण मास्टर' कविता पढ़ी। तीखा और मार्मिक व्यंग है। भाषा क्या सीधी-सादी है :

घुन खाए शहतीरों पर की बाराखड़ी विधाता बाँचे...
............आले पर बिस्तुइया नाचे
संगीनों की घनी छाँह में हँसी माल, मूरत मुसकाई।
... ...
चटा गये धीरज का अमरित, सुना गये बातें उधार में
... ...
पके बाँस का पक्का घेरा, हरे बाँस का कच्चा फाटक।
वग़ैरह

पश्चात 'मसूरी' में उन्होंने जो डायरी लिखी थी–राहुल जी के वास पर डॉ. महादेव साहा के साथ रहते हुए, पढ़ता रहा। नागार्जुन भी चाहते थे कि मैं पढ़ लूँ।

शाम को उनके सम्मान में साहित्य गोष्ठी का आयोजन किया था। यहीं छात्रावास के हॉल में। आचार्य द्विवेदी जी ने अध्यक्षता की। मैथिल छात्रों का बाहुल्य था। मैंने परिचय दिया और उन्होंने कविताएँ सुनायीं–बादल को घिरते देखा है, रवीन्द्रनाथ ठाकुर, दुखहरण मास्टर, नयी दिल्ली, रामराज्य तथा कुछ मैथिली कविताएँ। अन्त में पण्डित जी ने नागार्जुन के विषय में कहते हुए नयी दिल्ली के संस्मरण सुनाये। बड़े ही रोचक ढंग से। व्यंगगर्भी समीक्षा भी। गुप्त जी को समस्या दी थी–

'रक्तमुखी' छाया तले एम.पी. करैं निवास।
तीन मास की वृत्ति में काटैं बारह मास।। (गुप्त जी)
लोहू पिये जो देहातिन को सो सुखी भई 'रक्तमुखी' देहली में। (पं.जी)

27 अगस्त, 1952 : बुधवार

सुबह 'रतिनाथ की चाची' उपन्यास समाप्त किया।

नागार्जुन द्विवेदी जी से मिले। राह में उन्होंने अपने उपन्यास के बारे

में राय पूछी। मैंने खरी आलोचना की। प्रसन्न हुए। जल्दी-जल्दी भोजन करके अलईपुर स्टेशन। गाड़ी ठाठ से मिली। नागार्जुन को पहुँचाकर उ.प्र. कॉलेज।

23 सितम्बर, 1952 : मंगलवार : बीकानेर की ओर

शाम 6। पर श्रीपतजी के साथ 'कार' से इलाहाबाद की ओर। राह में उनकी ससुराल कबीरचौरा के पीछे। पहले-पहल गया था एक मुसलमान और वह भी धनी-धोरी मुसलमान के घर। सजा-सजाया सोफ़ा-सेट वाला ड्राइंग रूम। खुला-सा आँगनवाला भारी मकान। बच्चों सहित बीवी आयीं कोई विशेष आकर्षण नहीं। रंग गोरा, चेहरा लम्बा, दाँत भी स्पष्ट फाँक वाले। वहाँ से 7॥ पर रवाना।

'कार' से प्रयाग पथ—ग्रैंड ट्रंक पर पहला अनुभव। छायाचित्रों-सी वृक्षों की पाँत। सामने फाँक-सा डूबता हुआ चतुर्थी का चाँद। झनझनाती हुई रात केवल हम दोनों की इंटरमिटेंट बातचीत। हिन्दी के गिरते हुए स्टैंडर्ड पर। यशपाल और भगवतीचरण वर्मा के उपन्यासों पर। और भी कुछ व्यक्तियों पर।

24 सितम्बर, 1952 : बुधवार

सुबह 8॥ पर ब्रेकफास्ट। सामरसेट मॉम की 'नोट्स' पढ़ता रहा। नेमिजी की दुकान—10॥ पर भी न थे। विश्वास ने बताया घर पर हैं—2 तक आयेंगे। नेमिजी के घर। बीमार से दिखे नेमि। सुश्री कल्पना दत्त से साक्षात्कार। प्रसन्नता हुई। रक्तहीन पीला-सा चेहरा, परन्तु स्फूर्ति। वे लोग किसी मीटिंग में व्यस्त थे इसलिए मैं शमशेर जी की ओर चला। जोशी और संगल ने शमशेर को आने के लिए कहा।

शमशेर अन्नकूट छोड़कर बहादुरगंज चले गये हैं इसलिए माया दफ़्तर में 11:45 से 1॥। तक इन्तज़ार करता रहा और भैरव प्रसाद गुप्त के साथ समय काटता रहा।

प्र.ले. कान्फ्रेंस के बारे में बातें। शमशेर के घर। 2॥ पर नेमिजी की दुकान। रेस्त्राँ। जलपान। कविता-पुस्तक योजना पर बातें। उनके घर जाकर

लेख सुनना। जल्दी में सामान लेकर जनता ट्रेन पकड़ ग़ाज़ियाबाद के लिए। जगह अच्छी मिली।

इलाहाबाद के कुछ ही आगे जलहीन स्टेशन में प्यास की तड़प। निष्ठुर व्यक्तियों का अमानवोचित व्यवहार। अहरा सुलगाये हुए चमारों के पास पानी संस्कारगत घृणा। यही है कम्युनिज़्म का प्रभाव! लानत है।

अच्छी-सी नींद।

ग़ाज़ियाबाद-दिल्ली

25-26 सितम्बर, 1952 : बृहस्पतिवार/शुक्रवार

सुबह ग़ाज़ियाबाद से कुछ पहले नींद खुली। पौने सात पर ग़ाज़ियाबाद स्टेशन। रिक्शे पर सीधे चौहान जी के वास पर। खोजने में कोई परेशानी नहीं हुई। मुकुन्द नगर शहर से काफ़ी दूर है। ब्रेकफास्ट पर दम्पति जुटे थे। विजय भाभी में भावी माँ के लक्षण अत्यन्त स्पष्ट और उभरे दिखे। मकान अच्छा है। बीच में एक परिवार के लिए विभाजन। भोजन बनाने के लिए एक नौकरानी है। थोड़ी-सी इधर-उधर की बातचीत के बाद 'प्रगतिवाद और प्रगतिशील साहित्य' पर बहस। 10॥ पर भोजन और 11। पर दिल्ली के लिए बस। दिल्ली में दूसरी बार। फिर भी जैसे पहली बार।

राजकमल प्रकाशन। देवराज जी की खादी-सी धवल मुस्कान। अविस्मरणीय। ओमप्रकाश जी की वातुलता। बीकानेर के चम्पालाल रांका से परिचय। भावी की सुविधा चौहान जी के साथ दो घण्टे तक 'आलोचना' की सामग्री का सम्पादन।

रंजीत प्रकाशन में थोड़ी देर। चौहान जी उसके लिए अनुवाद करते हैं। रुपयों की व्यवस्था के लिए गये थे। रेल-पथ से 8॥ तक घर लौटना। दूसरे दिन भी राजकमल। एग्रीमेंट पर हस्ताक्षर। इधर-उधर की योजनाओं पर बात। 'भेंट की प्रतियाँ' 20 करवा लीं। फार्म पर उल्लेख नहीं हुआ। शाम को बीकानेर मेल से 6॥। पर।

27 सितम्बर, 1952 : शनिवार : बीकानेर

रात नवपरिणीत पंजाबी दम्पति के हास-विलास, भाभी-देवर के विनोद तथा

सेठ के बजाये हुए रिकॉर्डों के बीच रेवाड़ी के पास ही कहीं नींद आ गयी। सुबह 'सूडसर' में नींद खुली और रांका जी से भेंट। राजस्थान में पहली बार। चारों ओर उजाड़। रेत भी। कहीं-कहीं झाड़। बड़े पेड़ कहीं नहीं। चरती हुई भेड़ें। उड़ती हुई रेत। दौड़ते हुए ऊँट। गाँव-गिराँव लापता। 9। पर बीकानेर। स्टेशन देख आश्चर्य। हमारे यहाँ लखनऊ का स्टेशन भी शायद ही इतना सुन्दर हो। स्टेशन के बाहर नयन-हरण हरियाली और उपवन।

नगर के बाहर की परिक्रमा करता हुआ जूनागढ़, गंगा थियेटर, अस्पताल से होकर 'खजांची भवन' के.ई.एम. रोड। रांका जी यहीं रहते हैं ऊपर। नीचे 'आलोक प्रकाशन' और बगल में ऊपर ही 'नयी चेतना' कार्यालय।

स्नानादि के बाद ग्रीन होटल। तीखी धूप। वहाँ हमारे यहाँ के भूतपूर्व छात्र ब्रजेन्द्र कुमार शुक्ल से भेंट। बीकानेर के उदीयमान कवि पथिक तथा सम्पादक रावल जी से भी भेंट।

दोपहर को लम्बी नींद के बाद नाहटा जी के भवन। पता लगा 'आबू' गये हैं। निराश लौटा। काम का हर्ज होगा। अब पहली तारीख तक निठल्ली बेकारी।

यहाँ के इक्के—शानदार इक्के का अनुभव। शाम को 'पूरन' (हरिजन कामरेड) ने भोजन बनाया।

28 सितम्बर, 1952 : रविवार

'नयी चेतना' कार्यालय में 'लेखक संघ' की बैठक। अध्यक्षता करनी पड़ी। गोविन्द श्रीमाली ने 'व्यक्ति और परिस्थिति' निबन्ध पढ़ा। निबन्ध से पूर्व वे राष्ट्रभाषा पर अपने विचार दे रहे थे। वार्ता के समय घूमती हुई उनकी पुतलियाँ अत्यन्त सतर्कता तथा काँइयाँपन का आभास देतीं-सी। निबन्ध 'प्रतीक' में मन्मथनाथ गुप्त के निबन्धों का प्रतिवाद है। बिल्कुल सैद्धान्तिक। श्री लक्ष्मीकान्त, गिरिधारी लाल, कन्हैयालाल राही आदि ने विचार दिये। मैंने निबन्ध को सामयिकता से जोड़ने, उदाहरणोपेत तथा concrete बनाने और पूरी समस्या को ऐतिहासिक विकासक्रम के रूप में देखने का सुझाव दिया। अपनी अस्पष्ट सूझ के बावजूद वे दुराग्रही दिखे। फिर भी चिन्तनशील। बोरे बिछाकर लोग बैठे थे। कुल 15 युवक कलाकार।

संजीव कुमार कहानीकार तथा अन्य ललित कलाओं के अभ्यासी। कवि भी। कविताएँ भी हुईं। प्रतिभाएँ झलकीं।

बाद में मालूम हुआ कि श्रीमाली जी अंग्रेज़ी बहुत ही कम जानते हैं इसलिए, मुझे पश्चात्ताप हुआ कि उनकी आलोचना करते समय बहुत-सी अंग्रेज़ी पुस्तकों का हवाला दिया था।

शाम को नरोत्तम दास स्वामी के वास पर रांका जी के साथ। वे भी न थे। वापसी। रेस्त्राँ। शिशुपाल, सत्यनारायण पारीक, रामेश्वर पंडया (सोशलिस्ट) और पुरुषोत्तम केवले (पत्रकार) से परिचय। सत्यनारायण पारीक को अंग्रेज़ी बोलने का अभ्यास करना है शायद लेकिन कोई वाक्य पूरा मुश्किल से हो पाता है और you see तो सब जगह पैरेंथीसिस रूप में। 'केवले' हिन्दुस्तान टाइम्स तथा ब्लिट्ज़ का संवाददाता। राजस्थान-पाकिस्तान की सीमा के 1000 मील का दौरा करके आया है। बड़ी रोचक और सनसनीखेज़ बातें बता रहा था। रात खडगावत जी (इतिहास विभाग के अध्यक्ष), मोतीचन्द, रावलजी आदि की बकवास मास्टर जी की पान की दुकान पर 1 बजे तक सुनता रहा।

29 सितम्बर, 1952 : सोमवार

यशपाल का पार्टी कामरेड, दादा कामरेड, समाप्त। देशद्रोही शुरू किया। दादा कामरेड सर्वोत्तम तथा पार्टी कामरेड निकृष्ट लगा। देशद्रोही से कई मामलों में दादा कामरेड अच्छा है। शैल को हरीश जहाँ नग्न देखता है अथवा राबर्ट उसके मुँह में सिगरेट देखना चाहता है और फिर चूमता है—अश्लील नहीं है। हृदय उदात्त भावों से भरा रहा। पार्टी कामरेड में पार्टी की यान्त्रिक अनुशासन विधि का रेखाचित्र यथार्थ है तथा लड़की का चरित्र भव्य। सेठ के चित्रण में रोमांटिसिज़्म। देशद्रोही में सिद्धान्त चर्चा ज़्यादा। कुल मिलाकर यशपाल realist उतने नहीं, जितने Romantic हैं। शुरू में कम-से-कम तो ज़रूर। 47 के बाद Naturalist।

यशपाल पर पहली प्रतिक्रिया तो लिख ही डालना चाहता हूँ। कल से कहानियाँ शुरू करूँगा। कल कमलेश-यशपाल का इंटरव्यू नवभारत टाइम्स में पढ़ा। आश्चर्य कि उन्हें शॉ नापसन्द है...!

1 अक्टूबर, 1952 : बुधवार

सुबह पण्डित जी के मित्र शिवकुमार शुक्ल मिलने आये। पिंजरे की उड़ान, ज्ञानदान तथा रूस में पच्चीस मास से कुछ पढ़ा। नाहटा जी से मिलने 6 बजे शाम जमुनादास के साथ। लड़का सुन्दर तथा दुनिया देखा। अपना विकृत चरित्र उद्घाटित करता रहा।

नाहटा जी श्याम वर्ण, सामान्य वेश में। पहचान न सका। कल से काम शुरू करूँगा।

रात छत पर गंगाराम पथिक अपनी जीवन कथा सुनाता रहा। रोमांच हो आया मुझे। गोर्की का जीवन याद आया। कहानियों के टुकड़े मिले।

रांका जी के साथ जब से जलन्धर गया, लौटने पर बदल चुका है नारी के प्रति उसका दृष्टिकोण। स्नेह बदलता है मनुष्य को। उससे एक बहुत बड़ा सूत्र मिला–

"मौन आत्मबल देता है। कलकत्ता यात्रा में तीन-चार दिन तक लगातार चुप रहने के कारण उसने अपने भीतर वह शक्ति अनुभव की थी।" If there is pain, there is hope.

भोर में घर सम्बन्धी दुःस्वप्न देखा। किसी की मौत की छाया घनी हो आयी। जी घबरा उठा।

2 अक्टूबर, 1952 : बृहस्पतिवार

सुबह नरोत्तम दास जी स्वामी के घर मिले। गंजी और लुँगी। यदि डॉ. देवराज को किसी प्रकार श्यामवर्ण कर दें तो स्वामी जी के दर्शन होंगे। मुख़्तसर से आदमी। मोटा चश्मा। रांका ने उनके हास-कार्पण्य का अतिरंजित वर्णन किया था। देखा–हँसते हैं पर तुरन्त ही जैसे सिमट जाते हैं। रासो के लघुतम (गुजरात सं.) तथा लघु रूपान्तरों की पाण्डुलिपियाँ लीं। 11 पर वापसी। शुक्ल जी के यहाँ भोजन का निमन्त्रण था, किया। उनकी 'संस्कृति सरणिः' के कुछ अंश देखो। सुन्दर और सुविचारित पुस्तक होगी।

पथिक ने अपनी कविताओं की हस्तलिखित प्रति सम्मति लिखने को दी। मन झिझका। पर कान्त जी की भूमिका देख ढाढस बँधा।

शाम 4 बजे नाहटा जी के यहाँ। पाण्डुलिपियाँ पढ़ता रहा। 7 पर वापसी। कार्यक्रम देशनोक (रांका तथा मनुज का ग्राम) जाने का था। कान्त जी, रांका, मैं तथा प्रेमकान्त (लक्ष्मीकान्त जी का भाई) चारों चले। ट्रेन में जोधपुर के समाजवादी कवि 'कल्पित' की कविताएँ सुनीं। इधर की राजनीतिक कविताओं में व्यंग तगड़ा है। अलंकृति के आधिक्य ने कहीं-कहीं रूप बिगाड़ दिया है।

9॥ पर उतरे। करणी जी का मन्दिर। ख्यात। आरती वेला पहुँचे। चूहों से भरा। धोरों की सैर। धर्मशाला में रात। बिछाने को गन्दी-सी दरी। गृह-निष्कासित मन की बेबसी देखता रहा! जन्मभूमि में भी रांका जी परदेशी से रहे। जीवट तो रहा पर आनन्द उस अनुपात में कम।

3 अक्टूबर, 1952 : शुक्रवार

सुबह 'नेड़ी' जी का मन्दिर तथा टाट साहब का केलि-स्थान देखा। कान्त जी ने अघोर भैरव तथा उनकी उत्तर साधिका की याद दिलायी। लिंग और योनि पूजा होती थी यहाँ। तीन मील का चक्कर लगाकर स्टेशन लौटना और रात की खुमारी में बीकानेर वापसी। ट्रेन में कान्त जी द्वारा लिए गये इंटरव्यू पढ़ता रहा। पं. हज़ारी प्रसाद द्विवेदी, राहुल सांकृत्यायन, रामविलास तथा चौहान का ही अभी तक पढ़ पाया। इंटरव्यू कला की किंचित कमी। चर्बी ज़्यादा, मांस कम।

दोपहर में डॉ. जवाहरलाल से बातचीत। विशेषतः इतिहास सम्बन्धी दृष्टिकोण, सोशलिस्ट और प्रजा पार्टी का विलयन तथा सरकार द्वारा हरिजनों के मन्दिर प्रवेश पर। उनके विचारों में सूझ दिखी। बगल में कलाकार मोहन सिंह भी थे। दोपहर में अक्षयचन्द्र जी से वार्ता। मेरी अपभ्रंश पुस्तक तथा दस वर्ष वाले निबन्ध से प्रभावित।

शाम स्वामी जी के पास। अपनी Retired ज़िन्दगी का.वि.वि. में बिताना चाहते हैं। वहाँ वे 'राजस्थानी' चेयर के लिए भी आशान्वित हैं। दो घण्टे तक वार्ता।

रात 9॥ से गंगा गोल्डेन जुबली क्लब में संजीव कुमार द्वारा रचित 'बागी' नाटक देखने गया। आधे पर ही उठ आया। सामान्य था।

अलका बनने वाली मिसेज़ देसाई के चरित्र विषयक सुना। ऐसा तो होता ही रहता है। हर लड़की से एक कहानी जुड़ी होती है। यतीश का अभिनय सबसे अच्छा रहा। रात बूँदा-बाँदी-आँधी।

4 अक्टूबर, 1952 : शनिवार

आज सुबह ही नाहटा जी के पास गया। मुनि जिन विजय जी वाली लघुतम रूपान्तर की पाण्डुलिपि से पाठान्तर नोट करता रहा। 2 बजे तक यही क्रम रहा। बीच में नाहटा जी से बातें भी हुईं। बोले—"हिन्दी के आदिकाल विषयक सामग्रियों के विषय में बहुत पहले हमने स्पष्टीकरण कर दिया है फिर भी लोग वही बातें दुहराते चले जा रहे हैं। डॉ. रामकुमार ने मुझसे नोट माँगे थे, दिया; लेकिन उन्होंने कोई उपयोग नहीं किया। शुक्ल जी के इतिहास में गिनाई हुई आदिकालीन सभी पुस्तकें परवर्ती हैं।"

आज उनसे कुछ पत्रिकाएँ लीं और वापस आया। भोजन। अक्षयचन्द्र जी मिले। 3 बजे से 'प्रेमचन्द दिवस' सम्बन्धी समिति में रांका के आग्रह से व्यर्थ 45 मिनट खोया। स्वामी जी के यहाँ जाने वाला था, न जा सका। थका था। फ्री पास 'हैदराबाद की नाज़नीन' पिक्चर के लिए था। कान्त जी के साथ रांका और मैं। काश्यप से परिचय। बीकानेर की दालमण्डी दूर से देखी। पिक्चर 'किंग-लियर' की नक़ल में बनी थी किन्तु पूर्ण निर्वाह न हो सका था। 'कोर्ट सीन' औरों से रोचक तथा यथार्थ रहा। भाषण न थे।

5 अक्टूबर, 1952 : रविवार

लेखक संघ की बैठक। राज़ ने उर्दू ग़ज़ल पढ़ी—कहीं-कहीं चमत्कार की पंक्तियाँ थीं—'देखता हूँ मौज, आता है नज़र साहिल मुझे' आदि। रामदेव आचार्य नामक चतुर्थ वर्ष के छात्र ने राजस्थानी की उत्कृष्ट कविता पढ़ी—'राजस्थानी मां भूल चलो, बीत्योड़ी बातां रा लटका'। राजस्थान के पुराने काव्यों के युग की संस्मृति से नवयुग का विषम यथार्थ जुड़ा था। पथिक से अधिक शक्ति इस युवक में दिखी। संजीव कुमार ने घोर नेचुरलिस्ट कहानी पढ़ी। एक नये लड़के ने 'मैगज़ीन' शीर्षक कल्पनाप्रवण निबन्धात्मक कहानी सुनायी। दीपक जी नये व्यक्ति थे जिनसे परिचय हुआ। पत्रकार हैं,

लेकिन आमतौर से जैसे मिलते हैं, उनसे भिन्न। सामाजिक सत्य को परखने की सूक्ष्म अन्तर्दृष्टि तथा साहित्यिक रुचि सम्पन्न। प्रभाव पड़ा। रत्न मिला।

विवाद की दो बातें : 1. उर्दू ग़ज़ल में परम्परा और नवीनता। ग्राम्य दोष की सीमाएँ। गोष्ठियों में आलोचना करते समय युवकों के विकास की गति का ध्यान रखना आवश्यक है तभी हमारी समीक्षा उपयोगी हो सकती है। 2. सन्तुलन। रांका ने मुझमें सन्तुलित समीक्षा क्षमता की बात कही। नरोत्तम दास जी ने रासो सम्बन्धी अपने सभी नोट दिये। महानता देखी। दान में उदारता भी। शाम को कान्त जी के घर भोजन। सुरुचिसम्पन्न कक्ष। चित्रित।

6 अक्टूबर, 1952 : सोमवार

स्वामी जी के 'नोट' से नोट्स लेता रहा। इधर-उधर की चीज़ें पढ़ीं।

7 अक्टूबर, 1952 : मंगलवार

मुकुल के घर शाम को गया। मुलाक़ात। गोरा गठा सुन्दर शरीर। देव प्रतिमा। बातचीत। बीमारी से उठे थे। कहीं-कहीं 'अहं' उभरता रहा। पहली बार शाम को हम और रांका जी साथ टहले।

8 अक्टूबर, 1952 : बुधवार

नाहटा जी के पास 10) में राजस्थान भारती की 7 प्रतियाँ लीं। वापसी।

शाम को मेरी अध्यक्षता में प्रेमचन्द जयन्ती। 11 आदमी बोले। सुनते-सुनते सिर दर्द करने लगा। अन्त में जब बोलने उठा तो कोई उत्साह न रहा। अपना भाषण स्वयं मुझे ही अच्छा न लगा। बस शैली शैली रही। अभीष्ट बातें न कह सका। कवि-सम्मेलन में नहीं रहा—बाद में पता चला कि असफल हुआ। अक्षयचन्द्र जी अच्छा बोले। गम्भीर लगे।

9 अक्टूबर, 1952 : गुरुवार

एलेन का भाषण सुना। शाम डूँगर कॉलेज।

10 अक्टूबर, 1952 : शुक्रवार

कॉलेज यूनियन में 'व्यक्ति और समाज' पर भाषण दिया।

11 अक्टूबर, 1952 : शनिवार

'अनूप संस्कृत पुस्तकालय' देखा। साथ शिवकुमार शुक्ल और रांका। टोपी बिना क़िले में न जा सके। डॉ. मोहता से शाम को बातचीत।

वेद = physics

वेदान्त = metaphysics (भूतातीतवाद)।

कर्मकाण्ड को महत्त्व दिया उन्होंने। कान्त जी के घर भोजन।

डॉ. मोहता की बातचीत का सारांश :

स्तालिन में वह ease और स्थितप्रज्ञता है जो मार्क्स, एंगेल्स, लेनिन किसी में न थी।

12 अक्टूबर, 1952 : रविवार

डूँगर कॉलेज में सुबह 8॥ पर 'प्रगतिवाद' पर 2॥ घण्टे का भाषण। प्रश्नोत्तर भी। मुकुल का कविता पाठ। माधव जी ने अध्यक्षता की।

मुकुल थोड़ी देर बाद आलोक प्रकाशन आये। कवियों के दुश्चरित्र की सीवन उकेलते रहे। शाम 4॥ पर पंडया, पारीख की गोष्ठी में।

रात देर तक जागकर कॉपी करते रहे।

स्वामी जी से सुबह मिला। अपभ्रंश की पुस्तक उन्होंने दी। हेम व्याकरण के अनुवाद की पाण्डुलिपि भी। पुनः लघु संस्करण की प्रतियाँ भेजने का वादा किया।

शुक्ल जी के यहाँ भोजन।

13 अक्टूबर, 1952 : सोमवार

कान्त, रांका, जमुनाप्रसाद, पथिक, काश्यप, गोविन्द श्रीमाली, गिरिधारी लाल आदि के बीच बीकानेर छोड़ा–6.20 शाम। पथिक को 'सम्मति' दी।

14 अक्टूबर, 1952 : मंगलवार

सुबह 7 पर राजकमल। ओमप्रकाशजी ने स्वागत किया। चौहान की 'हिन्दी गद्य का विकास' पुस्तक सुधारी। दोपहर को 'प्रगति प्रकाशन' और डॉ. दशरथ ओझा का पता लगाने। नहीं मिले।

शाम को क्षेमचन्द्र 'सुमन' से भेंट।

उन्होंने 'शनिवार समाज' में निबन्ध पढ़ने को कहा।

15 अक्टूबर, 1952 : बुधवार

दोपहर को गोपालकृष्ण कौल आये।

रेडियो। प्रभाकर माचवे। उदयशंकर भट्ट ने 'कल्पना' वाले निबन्ध की प्रशंसा की और एक 'टॉक' देने को कहा। विषय–'हिन्दी उपन्यास की नयी समस्याएँ' तय किया। माचवे के साथ विनय नगर। उनके चित्र देखे। गोंड जीवन की भावी पुस्तक की रूपरेखा भी। साथ कौल भी।

16 अक्टूबर, 1952 : बृहस्पतिवार

दोपहर को चौहानजी आये–राजकमल। साथ ही विजयेन्द्र स्नातक भी। रेडियो टॉक लिखने का प्रयत्न किया, न लिख सका। भट्ट जी के पास। आगामी दिन का आश्वासन देकर वापस। शाम–ग़ाज़ियाबाद।

17 अक्टूबर, 1952 : शुक्रवार

सुबह 10 तक टॉक लिखी। खाना खाया। मोटर-बस से राजकमल। टाइप करने को दी। कौल आये। रेडियो स्टेशन। हेमेन्द्र मिले। ख़ैर रेकार्डिंग हुई। लोगों को 'टॉक' बहुत पसन्द आयी। 7 बजे जैनेन्द्र जी के वास पर शनिवार समाज में। रघुवीर सहाय कहानी पढ़ चुके थे। बहस चल रही थी। ख़त्म हुई। मैंने निबन्ध पढ़ा। गोपाल प्रसाद व्यास critical अधिक रहे। रहबर बोले यों ही। अधिकारी ने समर्थन किया। कौल चुप रहे। र. स. भी। जैनेन्द्र बोले, ज़्यादे इधर-उधर–पिण्ड ब्रह्माण्ड फिर एकाध निबन्ध से सम्बद्ध भी। नम्र ढंग से मैंने सबका जवाब दिया। सभी एक स्वर 'शनिवार समाज में इतना

सज्जन व्यक्ति अभी तक नहीं आया था।' सभी लोग अपने साथ ले चलने का आग्रह करने लगे। गया 'सुमन' के वास पर। देर तक आत्माराम के लिए योजना बनाने में परामर्श लेते रहे और पुस्तक देने का आश्वासन भी।

18 अक्टूबर, 1952 : शनिवार

क्षेमचन्द्र 'सुमन' ने र.स. के वास बैरन रोड पर पहुँचाया।

र.स. की कविताएँ सुनीं—अपनी भी सुनायीं। बोले—आपके निबन्धों को पढ़कर इतना नम्र न समझा था।

साथ ही 12 बजे वात्स्यायन जी के वास पर। 45 मिनट तक। वापसी। एक मामूली से रेस्तराँ में भोजन। राजकमल वापस। दीवाली की मिठाइयाँ खायीं। शाम को ग़ाज़ियाबाद।

19 अक्टूबर, 1952 : रविवार

चौहानजी के साथ करोलबाग उदयशंकर भट्ट जी के यहाँ। पहले से ही भोजन का निमन्त्रण था। 3। पर वापसी। सामान लेकर स्टेशन। चौहानजी ग़ाज़ियाबाद उतरे—मैं आगे चला। 'आलोचना' की नयी रूपरेखा बनायी। मेरा नाम चौहानजी उस पर देना चाहते हैं। स्वीकृति दी। प्र.ले. कॉन्फ्रेंस की योजनाओं पर विचार।

20 अक्टूबर, 1952 : सोमवार : प्रयाग

दासबाबू के वास पर आया कि रामविलासजी भोजन करते मिले। मुझे देख गाड़ी छोड़ी। बातें कीं। साथ अपराह्न नेमिजी की दुकान पर गये। फिर 'जनता' से उन्हें आगरे के लिए छोड़ा। भारती, सर्वेश्वर आदि से बातें। नेमिजी ने रोक लिया।

भाई दूज को सरोज, सुधा ने टीका लगाया। 10) दिये।

12 नवम्बर, 1952

आज शाम पण्डित जी ने प्रो. मुकुट बिहारी लाल से अपनी बातचीत का टुकड़ा इस तरह सुनाया।

मुकुट जी : "मैटेरियलिज़्म के बारे में आपके ख़याल क्या हैं पण्डित जी?"

द्विवेदी जी : "कुछ और स्पष्ट कीजिए। उद्देश्य समझ में नहीं आ रहा है?"

मुकुट जी : "यानी यह कि मैटेरियलिज़्म का विश्वासी सच्चरित्र हो सकता है या नहीं?"

द्विवेदी जी : "इसके लिए ठोस उदाहरण लेना सबसे अच्छा है। आज तक जितने नास्तिक हुए हैं, सभी अपने व्यक्तिगत जीवन में अत्यन्त सच्चरित्र थे क्योंकि उनके पास अपने चरित्र का ही बल था जिसके सहारे वे समाज में खड़े हो सकते थे। आस्तिकों को तो अपने कुकर्मों के लिए ईश्वर और धर्म की ढाल मिल जाती है।"

मुकुट जी : "यह तो मैं भी मानता हूँ। लेकिन आजकल जयप्रकाश को spiritualism की धुन सवार है। वे भौतिकवाद को नैतिकता के लिए नाकाफ़ी समझने लगे हैं।"

जब पण्डित जी ने यह टुकड़ा सुना लिया तो मैंने पूछा कि "अब तो स्वयं मुकुट जी भी वही मानने लगे हैं और शायद सक्रिय राजनीति से भागकर study circle में आने को समेट रहे हैं।"

पण्डित जी ने हँसते हुए कहा कि "एक अध्यापक से और क्या आशा करते हो? वह सर्किल में न घूमेगा तब क्या प्रगति के पथ पर चलेगा?"

बात चलते-चलते आनन्द और अज्ञेय जी के जापान जाने पर आयी। पण्डित जी की कल्पना तुरन्त दौड़ी और बोल उठे कि इन्दिरा (हाथी) भी तो जा चुकी है। चलो अच्छा हुआ यहाँ से अ आ इ सभी स्वर ही गये, व्यंजन कोई नहीं गया।

आत्मस्वीकृतियाँ
बाबा नागार्जुन की

- वांछित गुण ? : निराडम्बरता
- वांछित गुण (पुरुष में) ? : श्रमशीलता
- वांछित गुण स्त्री में ? : समवेदना
- चारित्रिक विशेषता ? : अदेसपन
- सुख की परिकल्पना ? : समझदारी
- दुख की परिकल्पना ? : नासमझी
- सबसे क्षम्य दुष्कर्म ? : हत्या
- सबसे असह्य ? : झूठ
- नापसंद ? : दार्शनिकता
- मनपसंद पेशा ? : लेखन
- प्रिय कवि ? : कालिदास, रवीन्द्रनाथ और निराला
- प्रिय गद्यलेखक ? : बाणभट्ट और बालमुकुंद गुप्त
- प्रिय महानायक ? : कर्ण
- प्रिय महानायिका ? : द्रौपदी
- प्रिय फूल ? : नीलकमल
- प्रिय रंग ? : हरा
- प्रिय नाम ? : सरला और अमल
- प्रिय भोजन ? : मछली
- प्रिय सूक्ति ? : सत्य-श्रमाभ्यां सकलार्थसिद्धिः ।
- प्रिय आदर्श वाक्य ? : क्रिया केवलमुत्तरम् ।

यह टीप डायरी में संयोग से ही मिली। याद से एकदम उतर चुकी थी। इसका एक छोटा-सा इतिहास है। सारे सवाल लगभग वही हैं जो कभी कार्ल मार्क्स से उनकी बेटियों ने पूछे थे – खेल-खेल में। उस खेल का ख्याल एक दिन मेरे मन में भी आया। पहली पूछताछ मैंने अपने गुरुदेव हजारी प्रसाद द्विवेदी से ही की। उन्होंने ने भी इसका मज़ा लिया – शायद मेरा मन रखने के लिए। यह बात जनवरी 1953 की है। लगभग तीन महीने बाद अचानक बाबा नागार्जुन (काशी हिन्दू विश्वविद्यालय के) मेरे छात्रावास के कमरे में आए। डायरी में दर्ज तारीख है: 16 अप्रैल 1953. फिर बातों-बातों में वही खेल शुरू हो गया। बहरहाल उस आरंभिक डायरी के कुछ अंश बच रहे हैं तो सोचता हूँ, उस धरोहर को भी सार्वजनिक कर दूँ। बाबा तो सरापा सार्वजनिक थे। गुरुदेव के प्रश्नोत्तर तो पहले ही प्रकाशित हो चुके हैं – दिनमान में।

दीवाली
4 नवंबर 2002

आत्मस्वीकृतियाँ

पण्डित हज़ारी प्रसाद द्विवेदी की

द्विवेदी जी को 'लिटरेचर एंड आर्ट : कार्ल मार्क्स ऐंड फ्रेडरिक एंगेल्स' नामक पुस्तक भेंट की। पुस्तक देखकर द्विवेदी जी उसके पन्ने पलटने लगे और वहाँ आकर रुक गये, जहाँ मार्क्स की कुछ आमस्वीकृतियाँ अंकित थीं। वही स्वीकृतियाँ द्विवेदी जी के सामने रख दीं। 1953 के जनवरी माह में हिन्दी समाज को द्विवेदी जी की यह आत्मस्वीकृतियाँ उपलब्ध हुईं।

ये आत्मस्वीकृतियाँ थीं—

नामवर के प्रश्न		**हज़ारी प्रसाद द्विवेदी के उत्तर**
आपका अभीष्ट गुण	:	सामाजिक ईमानदारी
पुरुषों के लिए?	:	पौरुष
स्त्रियों के लिए?	:	मिठास और मातृत्व
आपकी मुख्य चारित्रिक विशेषता?	:	निर्णय दुर्बलता
आपके सुख की परिकल्पना	:	अरहर की दाल, जड़हन का भात, गलगल निंबुआ और घित तात, ...बाँके परोसे जोए। कहैं घाघ ऊ सब-कुछ झूठा। छोड़ इहवै बैकुंठा।।
आपके दुख की परिकल्पना?	:	आत्मविश्वास खोना
आपके निकट क्षम्य दोष?	:	प्रतारणा
आपके निकट घृण्य दोष?	:	यौन अपराध

आपके लिए असह्य?	:	(जवाब न दूँगा)
प्रिय काम?	:	लेखन
प्रिय कवि?	:	कालिदास, रवीन्द्रनाथ ठाकुर
प्रिय गद्यकार?	:	विल दयूराँ
प्रिय नायक?	:	रंगभूमि का सूरदास
प्रिय नायिका?	:	भट्टिनी
प्रिय फूल?	:	गुलाब
प्रिय रंग?	:	गहरा पीला (कसमस)
प्रिय नाम?	:	सिद्धार्थ, चारुस्मिता
प्रिय खाद्य?	:	पकौड़ी
प्रिय सूक्ति?	:	चढ़िए हाथी ज्ञान को सहज दुलिचा डाल
प्रिय आदर्श वाक्य?	:	उद्धरेत आत्मनात्मनम्

आगे चलकर ये आत्मस्वीकृतियाँ द्विवेदी जी को जानने के लिए स्थायी महत्त्व का विषय बन गयीं। एक लेखक के अन्तःकरण का परिचय देने वाली ये सूक्तियाँ किसी धरोहर से कम उपयोगी नहीं हैं।

❑❑